U0083334

古代歷史文化 研究輯刊

二 編

王明蓀 主編

第 18 冊

晚唐暨五代禪宗的發展
——以與會昌法難有關的僧侶和禪門五宗爲重心（上）

賴建成 著

國家圖書館出版品預行編目資料

晚唐暨五代禪宗的發展——以與會昌法難有關的僧侶和禪門
五宗為重心（上）／賴建成 著—初版—台北縣永和市：花
木蘭文化出版社，2009〔民98〕
目 6+146 面；19×26 公分
（古代歷史文化研究輯刊 二編：第 18 冊）
ISBN：978-986-6449-95-6（精裝）
1. 禪宗 2. 佛教宗派 3. 佛教史 4. 隋唐五代史
226.66   98014199

ISBN -978-986-6449-95-6

古代歷史文化研究輯刊
二 編 第十八冊   ISBN：978-986-6449-95-6

晚唐暨五代禪宗的發展
——以與會昌法難有關的僧侶和禪門五宗為重心（上）

作　　者　賴建成
主　　編　王明蓀
總 編 輯　杜潔祥
出　　版　花木蘭文化出版社
發 行 所　花木蘭文化出版社
發 行 人　高小娟
聯絡地址　台北縣永和市中正路五九五號七樓之三
　　　　　電話：02-2923-1455／傳眞：02-2923-1452
網　　址　http://www.huamulan.tw 信箱 sut81518@ms59.hinet.net
印　　刷　普羅文化出版廣告事業
初　　版　2009 年 9 月
定　　價　二編 30 冊（精裝）新台幣 46,000 元

晚唐暨五代禪宗的發展
——以與會昌法難有關的僧侶和禪門五宗爲重心（上）

賴建成　著

作者簡介

賴建成教授，宜蘭蘇澳人，文化大學史學研究所博士。民國 73 年，依明復法師修習佛教史與禪學，擔任過獅子吼雜誌、佛學譯粹編輯，並在海明佛學院、蓮華山淨土專宗佛學院、華嚴蓮社、圓光佛學院，教授中國佛教史等課程。又於華嚴蓮社、法光禪寺、景文科技大學、開設禪學、華嚴與禪、禪修與氣功等講座，專長除了氣功、術數之外，多著重在晚唐宋初的禪宗與天台教史之上，發表的論文有三十多篇。出版的專書，有《吳越佛教之發展》、《藝術與生活美學》。民國 96 年 2 月，以《台灣民間信仰、神壇與佛教發展之省思—台灣宗教信仰的特質》一書為主著作，升等為正教授。

提　要

　　「禪」是一種「靜慮」或稱為「思維訓練」的工夫，非起源於佛教，也非佛教所能專擅。其雖為佛教戒、定、慧三學之一，但在印度卻沒顯明的資料記載其獨立成為一個宗派。然在中國，隨著教下諸宗的形成，以及達摩的東來傳法，禪宗因應而生。禪宗受中國宗法制度的影響，有一代只許一人「付授」的說法，并由達摩與慧可的故事，向上追溯到「釋迦拈花迦葉破顏」的故事，形成諸多的紛爭。為了避免這些紛爭，導致謗法、謗佛而生種種因果，古來禪德就說這是達摩口授的。後來師說形成，尤其是慧能下的南禪僧人競以師說為家，這些傳說就有時代意義。禪的意義，也隨著禪門師家的發展，而擴大到日用行事之上，非僅在打坐觀想的禪與智之上。

　　達摩之法遞傳慧可、僧璨、道信、弘忍，弘忍會下的神秀、慧能系演變成南、北兩宗。安史亂起，北方佛教遭受打擊，又經會昌法難以及晚唐五代的離亂，教下諸宗與北禪宗勢力頓衰，而南禪宗青原、南嶽兩系則因之繁興，師家甚多，蔚為風潮，禪僧到處參方，以體得佛法因緣為大事。當時有傳法不傳座的現象出現，但以學有師承宗旨，乃有溈仰、臨濟、曹洞、雲門、法眼五家的成立，應合達摩「一花開五葉結果自然成」的說辭。禪門五家各有其門庭施設，以接物利生，然在本質上是不異曹溪宗旨～「直指當前一念本來解脫自在」（無住）與「藉師示道」以悟「自性」的。禪門的五宗分燈，與教下諸宗的成立、達摩之東來、會昌法難有關，其中又以慧能與會昌法難更具有關鍵性，所以本文就分為八章來探討禪宗興起的背景、會昌法難與禪門五宗之成立，以及其間禪法的演變。

　　第一章「緒論」：概述禪的起源、禪法的流變、禪宗形成的背景以及會昌法難前後禪門五家宗派的興起，來說明何以禪門五家宗派與義學師說、慧能以及會昌法難有密切關連。

　　第二章「師說的形成與禪門的初行」：凡四節，內容包括佛教輸入中國、義學與師說的傳習、東山法門與禪宗的初創、南北禪宗的對立，來探討會昌法難前教下諸宗以及禪宗的情勢。由此章可見禪宗的發展，同佛教義學在中國的發展是相應的，且在互相輝映中展現禪與智的中國化色彩以及國人對文化的創進。

　　第三章「禪宗的興起與會昌法難」：凡四節，內容包括隋唐佛教的盛況、王法與佛法、會昌法難、會昌法難下禪門的志行，來探討會昌法難前後教下諸宗與禪門的處境，并探討禪門五家宗派的興起與會昌法難的關聯。

　　第四章「溈仰宗的師資」：凡四節。此宗在會昌法難前已形成，對後來他家的形成有助因。內容包括禪門的師承宗旨、溈山靈祐與仰山慧寂、溈仰兩師門下、溈仰宗的門庭與情勢，以探討此宗的興起、宗風、師資及其情勢。

　　第五章「臨濟宗的師資」：凡四節。此宗在會昌前的黃檗希運已醞釀，待到會昌後義玄的出

世，才標舉一家玄風。內容包括臨濟義玄的雄風與施設、臨濟義玄的門下、興化存獎及其門下、臨濟宗的門庭，來探討宗風的形成、對禪門其它宗派的影響及其盛況與局限性。

第六章「曹洞宗的師資」：凡四節。此宗也在會昌後形成，內容包括洞山良价及其交遊、洞山的門下、曹山與雲居會下、曹洞宗的門庭，來探討此宗的緣起、宗風及其流傳與法運的情勢。

第七章「雲門宗的師資」：凡三節。此宗由遭會昌法難的雪峰義存法子雲門文偃提舉。內容包括雲門文偃的禪風、雲門文偃的門下、雲門宗的門庭，來探討此宗宗主禪風的形成、門庭施設及其法運。

第八章「法眼宗的師資」：凡四節。此宗由與雪峰道法異路的玄沙師備導出，至法眼文益出世才大振玄沙道法。內容包括玄沙師備與羅漢桂琛、法眼文益及其法嗣、天台德韶與永明延壽、法眼宗的門庭，以探討此宗緣於雪峰義存何以提舉玄沙師備的道法，及此宗唯心之旨來自玄沙師備何以到法眼文益纔興盛，并論述此宗在江南弘化及其衰落的情形。

第九章「結論」：就禪宗興起的背景、禪門的特質、南北禪宗的形成，以及會昌法難下禪門五宗的緣起、宗風、師資、參遊與其流佈的情勢，作一概括性的描述。由此窺知，禪宗何以由楞伽印心轉變到奉持金剛經的教法，由「教意」轉變成「祖意」，甚至有「超佛越祖」、「學與師齊減師半德」、「學過於師方堪傳授」及「宗門出不是家珍」的思想出現，也就是說因義學的發展，中國學人發展出「直指本心」的各種接機的教法，崇尚以己之根性去領會「從上宗風」。而這些「作用見性」的教法，雖部分為救一時之蔽而設，也展現出對文化的融匯與創進。

目

次

第一章　緒　論

　　「禪」，漢地譯爲「思維修」或「靜慮」，是一種「思維訓練」，但禪門中人所謂的禪不僅是「打坐」，〔註1〕而是推及於日常行事，有所謂「無心便安禪」。禪定肇始於古印度人所謂的瑜伽的智慧與宇宙冥合的智慧。〔註2〕其實踐以嚴格的出家生活與坐禪爲出發點。佛教學者普遍認爲，佛教的瞑想（禪定）實較古瑜伽系的瞑想爲優越。對佛陀而言，「只有瞑想與精神統一，才是見正理獲明知的最確實的方法。」〔註3〕四諦與十二因緣，被認爲是原始佛教的基本原理，係依據禪定的實踐而來。至於神通，則在四禪的實踐後獲得的，「故它是超感覺的透視生命的力量。」〔註4〕

　　在寂靜處安禪，是修行人的樂趣，這種情境在《經集》、《長老偈》、《長老尼偈》、《法句經》、中部經典第三十二《牛角林大經》中得見。但其後大乘佛教興起，大乘佛教人士並不覺得那些遠離世間的悅樂，有甚麼可貴，認爲入禪定有如入地獄，強調要視生死中事如遊園中事而恣意舒展，才能行菩薩道。〔註5〕所以在《維摩經》〈弟子品〉中，有一段維摩居士嚴厲責備在樹林

〔註1〕參見馮友蘭〈論禪宗〉（新潮文化事業有限公司印行，民國80年4月初版，《禪宗的歷史與文化》），頁9～10。另見釋明復〈識得來時路——中國古人的生活禪趣〉，《國文天地》第七十四期，頁21（臺祥圖書有限公司發行，民國80年7月1日出版）。

〔註2〕柳田聖山著、吳汝鈞譯《中國禪思想史》〈引言〉（臺灣商務印書館印行，民國74年2月三版），頁1。

〔註3〕前引書，頁3。

〔註4〕同註3。

〔註5〕鳩摩羅什譯、釋顯珠述《維摩詰所說經》〈菩薩行品第十一〉（吉祥文物中心印行，民國75年1月），頁330～331。

靜坐的舍利佛。維摩以爲「不於三界現身意，是爲宴坐；不起滅定而現諸威儀，是爲宴坐；不捨道法而現凡夫事，是爲宴坐；心不住內亦不在外，是爲宴坐；於諸見不動，而修行三十七道品，是爲宴坐；不斷煩惱而入涅槃，是爲宴坐；若能如是坐者，佛所印可。」〔註6〕大乘經典如《楞嚴經》、《般若經》皆有類似的思想。鳩摩羅什所譯《摩訶般若波羅蜜經》第十八卷第六十一〈夢誓品〉顯示，修道而要在「空閑山澤曠遠之處」，是惡魔的說法，「是菩薩心在憒鬧」。至於菩薩如何通達佛道，鳩摩羅什所譯《維摩經》〈佛道品〉中云：「若菩薩行於非道，是爲通達佛道。」〔註7〕在印度則沒顯明的資料足以證明有禪宗的存在，但卻蘊蓄著豐富禪的思想，這些思想乃成爲後世中國禪宗成立的指標。達摩來華傳大乘空觀，隨著達摩禪的流傳，而達摩以前的禪宗諸師的付囑以及「釋迦拈花迦葉破顏」的故事，在後世形成諸多紛爭。古來禪德爲了避免後學生疑，甚至謗佛而導致種種因果，就說這是「達摩口傳」的。〔註8〕後來師說形成以及達摩禪的盛行，尤其是慧能下的南禪僧人競以師說爲家，這些傳說就有時代意義。

佛教古來即重視戒、定、慧三學，僧團大抵要求出家眾由戒而定而慧，並以之爲修學佛法的歷程。所以佛教特別重視師傳與行住坐臥的儀軌，並由之體會教旨，而達涅槃的境界。然在中國，先有對於漢譯佛典研究的慧學，由慧學而得到戒、定之學，於是三學分立，就其各別的專門而形成師說，乃至蔚爲宗派。中國佛教的教下諸宗，如印度強調「以戒爲師」，而達摩所傳宗門，初行頭陀行而輕律儀，在東山法門時期居山林有念佛、打坐的方便法門，因不遵循律儀仍爲教下所輕垢。到神秀受武后所禮請入京弘法，當弘忍門下由山林走向都邑時，因濟化所需而漸重戒規，北宗僧人講求定、慧並重，但爲宗門所謗。後百丈創叢林立規式，禪僧漸離律院而行，僧家更加隨緣自在，到五代末年法眼宗的永明延壽出世，有會宗之志趣，強調以戒爲本、無戒行則諸善功德不得生起，并主張由戒而定而慧，盼宗門智者能深思。

至於佛法初傳時，國人因傳譯而重義學師說興起，但禪法因傳授上其道不融，以及國人受玄學影響，習定風氣在魏晉時代仍然不盛，待到南北朝末年北方有僧稠、南方有慧思，習禪風氣始振，慧思所傳止觀且爲南北習禪者所宗。

〔註6〕前引書，〈弟子品第三〉，頁77～79。
〔註7〕前引書，〈佛道品第八〉，頁251～252。
〔註8〕釋太虛《中國佛學》（海明佛學院印行，民國癸亥年六月），頁28。

〔註9〕然達摩禪法由劉宋迄中唐釋道宣撰《續高僧傳》時，仍不爲教界所重視，被批評爲「妄傳風教」〔註10〕、「無知之叟」。〔註11〕其時國人所重視的仍在「依教修心的實相禪」，大乘空觀則賴楞伽師資在艱難困苦的處境中堅信地予與延傳，並本其「藉教悟宗」的精神，除《楞伽經》之外，援引並吸收當時教界如天台、華嚴所奉持的經籍與思想如《大乘起信論》、《文殊說般若經》的「一行三昧」，成立了所謂的「東山法門」。〔註12〕到五祖弘忍、六祖慧能又轉到重視《金剛般若經》，且因根機的緣故，有所謂的「付密授」，而更加注重師說。禪法初行中土不久，羅什門下僧叡要求「禪、智幷務」，〔註13〕而道安門下慧遠主張「禪、智相濟」，〔註14〕至慧能出世唱導「定慧等」，而神會南宗則貫澈慧能「定慧等」的宗旨而標舉「本知」的即體即用禪法。僧叡、慧遠、慧觀時已察覺禪法師承宗旨的重要性，〔註15〕隨著禪門「付密授」的盛行，到晚唐五代出現的禪門五家宗派正因實踐著「學有師承宗旨」與「付密授」，其道法圓融，乃與其他禪定有別。

　　達摩之法遞傳慧可、僧璨、道信、弘忍，弘忍會下的神秀、慧能系演變

〔註 9〕 《高僧傳二集》卷第二十一〈隋南嶽衡山釋慧思傳〉（台灣印經處印行，民國59 年 9 月二版），頁 569。另見同書卷第二十一「隋國師智者天台山國清寺釋智顗傳」，頁 572。

〔註10〕 前引書，卷第二十六〈習禪篇論〉，頁 740。

〔註11〕 前引書，卷第二十六〈習禪篇論〉，頁 743。

〔註12〕 柳田聖山著、吳汝鈞譯《中國禪思想史》〈一行三昧〉，頁 81。

〔註13〕 《出三藏記集》卷第九僧叡〈關中出禪經序〉云：「經云：『無禪不智，無智不禪。』然則禪非智不照，照非禪不成。大哉禪智之業，可不務乎？」（《大正藏》第五十五冊，頁 65）

〔註14〕 《出三藏記集》卷第九釋慧遠〈廬山出修行方便禪經統序〉云：「禪非智無以窮其寂，智非禪無以深其照，則禪智之要，照寂之謂。其相濟也，照不離寂，寂不離照。感則俱遊，應必同趣，功玄於在用，交養於萬法。」（《大正藏》第五十五冊，頁 65）

〔註15〕 僧叡〈關中出禪經序〉云：「此土先出《修行》、《大小十二門》、《大小安般》，雖是其事，既不根悉，又無受法，學者之戒，蓋闕如也。……從受禪法，既蒙啓授，乃知學有成准、法有成條。《首楞嚴經》云：『人在山中學道，無師道終不成。』是其事也。」釋慧遠在〈廬山出修行方便禪經統序〉云：「每慨大教東流禪數尤寡，三業無統，斯道殆廢。頃鳩摩耆婆宣馬鳴所述，乃有此業。雖其道未融，蓋是爲山於一簣。」慧觀在〈修行地不淨觀經序〉云：「禪典要密，宜對之有宗，若漏失根原，則支尋不全，群盲失旨，則上慢幽昏，可不懼乎！若能審其本根，冥訓道成。……綜習大法，尋本至終，冥隅一開，千載之下，優曇再隆。可不欣乎！遂乃推究高宗承嗣之範。」（《大正藏》第五十五冊，頁 66）

成南、北兩宗。在東山法門與北宗禪發展的期間，華嚴哲學正以長安為中心而繁興，由《大乘無生方便門》與《觀心論》可以窺見神秀企圖透過大乘經典組織形上的一心體系，闡明本覺來遠離妄念。〔註 16〕其對一心的內省實有別於慈恩的唯識說，亦有別於天台的性惡說與一念三千。後來的禪者，亦如僧肇對空的解釋，強調「觸事即眞」、「體用一如」的實踐路上。慧能弟子神會以「本知」、「無住」的禪法，破斥北宗人的「守護眞心」而「離念」的禪法。禪門因對「眞心」的見解有急、遲之別，從而產生了禪法有頓、漸之別。至神會的系下宗密，則認為「唯達摩所傳者，頓同佛體，迥異諸門」，是最上乘禪，「達摩未到，古來諸家所解，皆是前四禪八定，諸高僧修之皆得功用。」「南嶽天台，令依三諦之理修三止三觀，教義雖最圓妙，然其趣入門互次第，亦只是前之諸禪行相。」〔註 17〕這不僅宗密如此確信，達摩系的人亦然，這由釋道宣《續高僧傳》〈習禪篇論〉中可以窺知。宗密《禪源諸詮集都序》的主旨，係以唯識、般若、華嚴三宗來代表佛教教學的全體，並配以禪宗的北宗、牛頭與南宗，來闡發禪、教一致的思想，最後把佛教匯歸到「直顯心性」的南宗。〔註 18〕宗密在〈中華傳心地禪門師資承襲圖〉中，以一個摩尼寶珠能映現種種色彩為喻，來區別北宗、洪州、牛頭與荷澤的禪與教。最後強調荷澤能正確掌握寶珠的體（透明）用（一切色彩），寶珠之能夠顯現諸色彩，那是由於它常具有透明的「本知」之故。其又基於「自性本用」與「隨緣應用」，奉荷澤神會的南宗為正統，以馬祖的洪州宗為旁系。〔註 19〕然禪法的發展並非如宗密所期許的，「作用見性」的禪法，因時局與「根機猛利」的人的弘化而轉趨繁盛。

安史亂起，北方佛教遭受打擊，又經會昌法難以及晚唐五代的離亂，教下諸宗與北禪宗勢力頓衰，而南禪宗青原、南嶽兩系則因之繁興。初期達摩禪都是以「藉教悟宗」來體證佛理，此時則因根機條件不足，漸演變成「付密授」、「師說」等方式。當時師家甚多，蔚為風潮，禪僧到處參方，以體得

〔註 16〕前引書，頁 82～84。

〔註 17〕釋宗密《禪源諸詮集都序》卷一（弘文館出版社，民國 75 年 4 月 25 日初版），《中國佛教思想資料選編》頁 423。參見柳田聖山著、吳汝鈞譯《中國禪思想史》〈宗密的禪源諸詮集都序〉，頁 103。

〔註 18〕釋宗密〈中華傳心地禪門師資承襲圖〉「第三」，《中國佛教思想資料選編》頁 467～472。

〔註 19〕釋覺範《石門文字禪》，卷第二十四〈記西湖夜話〉，頁 268（《四部叢刊》初編集部）。

大事因緣爲要。當時有「傳法不傳座」的現象出現,但以學有師承宗旨,乃有溈仰、臨濟、曹洞、雲門、法眼五家的成立,應合達摩「一花開五葉,結果自然成」的說辭。禪門五家各有其宗眼與門庭施設,以接物利生,然在本質上是不異曹溪宗旨——「無住」、「大悟一切萬法不離自性」與「藉師示道」以悟「自性」的。達摩正宗傳「至六世而大振,天下謂爲之宗門,宗門所趨謂之玄旨,學此道者謂之玄學。」〔註20〕心之妙不可以語言傳,而可以語言見,〔註21〕亦可以由作用顯。晚唐五代間形成的禪門五家宗派,一轉荷澤南宗的禪、教「體用一致」的思想,不僅重視「體、用」,並且更加著重「機、用」,中國化色彩濃厚,並與魏晉南北朝時代義學師說有極其密切的關係。

宗門雖「藉教悟宗」、「藉師示道」,但貴「自得」,並由「師說」如《參同契》與《寶鏡三昧》之作以全道法。然非即文字語言可以求道,所以「仰山初見耽源所傳六祖圓相,即以焚之,及其授法也,則有默論。」「雲門不許錄語句,而遠侍者以紙爲衣。」〔註22〕禪師是要經過長期的實修之後,才能體會佛法的究竟與勝義諦。在禪的世界裏,最重要的是個人的體驗,沒有自身體驗的人,任何觀念或概念對其都沒有實質的意義。一個體會不到禪機的人,享受不到禪的芬芳與悅樂。禪師從所悟得的,起觀照的力用,在一切生活行持中、見解上,不斷的澄清、省察,並以所實得的無漏慧去「接物利生」。所以禪師們不僅隱居山林,且上堂開示引發學人參問,或藉著作務時隨機問答,也無非本著婆心要學人當下直識自性而得自在、不受人惑,且常明示學人莫記持言句(或稱公案、宗門爪牙、別人的閒家俱)、莫在知解上尋解會、莫僅枯坐冥想而在鬼窟裏作活記。禪者們之間的問答,是自體「玄旨」的,其問答是在既不觸又不離難以言宣的「自性」上進行。但因爲接引學人悟入「自性」,「藉師示道」就顯得格外重要,禪的範圍與意義恍惚擴大了,不必靜坐斂心才是禪,搬柴運水、吃飯穿衣等日常行履亦稱禪。然其關鍵則在對凡、聖的理解上。由凡入聖,由聖入凡,到此境地日常生活才可謂爲神通妙用,不然則爲「乾慧」或爲「戲論」,禪就失卻其意義了。後世末學逐聲、逐色、逐空,背離宗門宗旨,所以釋覺範壯《石門文字禪》卷二十八〈請雲蓋奭老茶榜文中〉云:「禪門分江西、南嶽之五派,後世盛雲門、臨濟之兩家。

〔註20〕前引書,卷第二十五〈題讓和尚傳〉,頁 276。
〔註21〕前引書,卷第二十六〈題圓上人僧寶傳〉,頁 288。
〔註22〕前引書,卷第二十八〈請雲蓋奭老茶榜〉,頁 313。

至於流末之餘，馴成戲論之謗師承，大壞法道，寖微妄庸，假我以偷安，名實因茲而愈濫。」其因文甚崇尚洞上玄風。〔註 23〕禪者是重視師承的，且強調盜法之人終不成器，中土禪宗自六世起雖師家甚多，但因「學有師承宗旨」，又因重正法乃隨根器而「付密授」，〔註 24〕到晚唐五代間蔚成五家宗派。此五家宗派，雖出自馬祖與石頭兩系之下，各自提舉家風、化門，但其所本則不離曹溪宗旨，在接機方面兩系有互相融攝的現象。

　　總之，禪門五家宗派雖起於晚唐五代間，其禪思想卻與義學師說、達摩之東來傳法以及教下諸宗有所關連，而就禪法思想的發展而言，則慧能以及會昌法難對其形成更具有關鍵性。

〔註23〕關於曹洞門風，參見惠洪《禪林僧寶傳》卷第一〈撫州曹山本寂禪師傳〉頁 1 云：「咸通初，至高安謁悟本禪師价公，依止十餘年。价公以為類己堪任大法，於是名冠叢林。將辭去，价曰：『三更當來授汝曲折。』時矮師俗者知之，蒲伏繩床下，价不知也。中夜授章，先雲巖所付〈寶鏡三昧〉，〈五位顯訣〉、〈三種滲漏〉畢，再拜趨出。矮師俗引頸呼曰：『洞山禪入我手矣。』价大驚曰：『盜法倒屙無及矣。』後皆如所言。」
〔註24〕釋覺範《石門文字禪》卷第二十五〈題雲居弘覺禪師語錄〉，頁 278 云：「大法本體，離言句相。宗師設立，蓋一期救學。苟簡不審，專己臆斷之弊而已，法久必壞，使天下後世眩惑。」（《四部叢刊》初編集部）。

第二章　師說的形成與禪宗的初行

　　佛教由西而來時，正值中國漢朝時代。其時的中國在經濟上已有極高度的農業，社會上已完成嚴密的宗法體系，文教上則為儒家獨尊的局勢，但國人在崇教信仰上，卻仍滯溺於什物幽靈、圖騰巫術。佛法傳入，國人最先接觸「人天小乘教」，由其啓迪，乃從幽靈崇拜轉為三世因果、六道輪迴的信仰。而方士巫覡也吸收「禪數」、「神通」、「懺摩」之說，逐漸形成道教。嗣後大乘佛法接踵而至，更進一步促成人本思想的加速發展。南北朝時代，發展中的印度佛學思想不斷傳譯而來，中國已匯集當時佛教世界的法要，展開諸師說學派並弘齊進的局面，國人融匯貫通的成就不斷增上。到隋唐時代，天台、賢首、禪宗、淨土等接踵追步，中國佛學基本上已走上獨立的道路，開始有大量僧家對佛經的註釋，以及弘法的著作出現。當中值得一提的，是國人對佛理的契會不執著於經說，而崇尚義理的發揮，使作更高度的展現。禪宗的興起即是一例，它是隨著國人對禪定的研習，以及透過般若學、佛性論與唯識學的研究，並因自僧叡、慧遠、慧觀以來強調禪法須有師承宗旨以及對禪、智的重視而逐漸形成。禪宗到慧能時提出「定慧等」，這是僧家長久以來的思維，而學有師承宗旨，則到晚唐五代的五家宗派實現得最徹底。

　　禪宗的起源，僧家每謂始於「釋尊拈花迦葉破顏」，而云此乃「以心傳心，不立文字，直指人心，見性成佛」的濫矢。甚又有益之以「達摩東渡見梁武帝」，引發「對朕者誰？廓然無聖」的公案。在佛教史上，諸如此類的穿鑿比附傳說不勝枚舉，林林總總的說法讓人眼花潦亂，並給好事者添增了許多禪趣與尋思。然就佛教宗門的義理而言，祇要不離「實相無相」的原則，橫說或者是豎說皆是方便，也莫非是「般若」的顯現，實無不妥之處。但就史學的立場，禪宗的

淵源，可追溯到古印度人的教理、修法與戒法諸問題上。此乃佛教在其形成及發展過程中，不斷地融攝其他教派的法要，并順應流佈區域的風土民情，所產生的諸多現象之一。〔註1〕在中國，佛教的禪、教也隨著義學的發展、佛典的傳譯、社會環境的變遷以及民情的容受等因素，展現出繁複的風貌。禪本爲佛教戒、定、慧三學之一，在印度時無明顯的歷史記載獨立成爲一個學派。但隨著《安般守意經》與《般舟三昧經》、《修行道地經》、《六度集經》的傳譯與作序，僧家對禪數與神通有所嚮往。神通大師佛圖澄（232～348年）的弟子釋道安，透過對「般若」與「阿毘達摩」的研究，一方面鞏固了瞑想與神通力的基礎，且使中國人對神異的信仰「漸由外而向內趨」。〔註2〕另外，印度佛教對「涅槃」與「般若智」的認知，是本無實體意義的，但隨著《涅槃經》的傳入，而知「一切眾生有佛性」，國人對主體性的需求越發增強。〔註3〕鳩摩羅什來華，譯出《坐禪三昧經》，以般若立場批判小乘禪法，其弟子僧肇號稱「解空第一」，其唱導「無的體用論」，至六朝末《起信論》的出現，通過「眞如」的體、相、用三大組織的姿態，逐漸強化起來，在這種對「眞如」的理解環境下，禪宗因應而生。〔註4〕依《起信論》而有「離念」，《般若經》而有「無住」，乃至「當下即是」與「直下無事」的禪思想產生。並依無相唯識的「唯識無境」說，唱導「心外無物」，乃至由「即心即佛」、「觸事即眞」、「觸目是道」，推展到「若論佛法一切現成」，乃至「即境即佛」的禪法。依《維摩經》的破斥「宴坐爲魔說」與「不捨道法而現凡夫事」與《般若經》的「不動眞際爲諸法立處」，而有諸如《維摩經》所云的「行於非道是爲通達佛道」的禪思想與實踐出現，運水與搬柴等日常行事被稱爲「神通并妙用」，〔註5〕甚至教門所重視的讀經、萬行

〔註1〕 參見孤峰智璨著、釋印海譯《中印禪宗史》第二章〈印度禪之淵源〉（海潮音社出版，61年10月），頁5～8。另吳汝鈞譯、柳田聖山著《中國禪思想史》〈引言〉頁4中云：「印度、中國和日本的各派宗教，由基本上完全是相同的瞑想的實踐而來，但它們的教義，實際上卻是多種多樣的不同。……可以說，瞑想具有兩千年的歷史，流布於印度、中國、日本以至亞洲全域；它的思想與各地異質的文明相結合，而導致百花盛放的偉觀。」

〔註2〕 吳汝鈞譯、柳田聖山著《中國禪思想史》，頁36～37。

〔註3〕 前引書，頁37。

〔註4〕 前引書，頁68～69。

〔註5〕 釋道原《景德傳燈錄》卷第八〈襄州居士龐蘊傳〉云：「唐貞元初，謁石頭和尚，忘言會旨。復與丹霞爲友。一日，石頭問曰：『子見老僧已來，日用事作麼生？』對曰：『若問日用事，即無開口處。』復呈一偈云：『日用事無別，唯吾自偶諧。頭頭非取捨，處處勿張乖。朱紫誰爲號，丘山絕點埃。神通并

也獲得重視，禪門也深具大悲行與有會教的弘願。禪門中人雖常自信地說「但悟自心不依經教」，但悟須由理入並由行而契理，所以其禪思想實與義學師說有著密切而難以脫卻的關係。

中國之有禪宗，通稱始於達摩東來，初時大乘空觀有楞伽師資的傳習，但受當時義學研習的風氣及「依教修心禪」觀行的影響，而達摩禪法被稱爲妄傳風教。待到東山法門成立，借當時流行的大乘經典如《起信論》、《華嚴經》以立「眞心」以息妄念，後慧能出世，唱「定慧等一」，與僧肇的「即體即用」、「觸事而眞」的思想合流，禪宗始興起，會昌以下因師說激揚，而有「一花開五葉」的禪門五家之成立，而此五家宗派「作用見性」的禪法施設，則更加展現「眞如」的體、相、用。學者們普遍把禪門宗派的演變分成四期：第一期、菩提達摩教下的楞伽師資傳承。第二期、東山法門的傳佈時期，「南能北秀」爭雄。第三期、禪宗的確立時期。第四期、五宗分燈時期。嚴北溟在《中國佛教哲學簡史》書中，談到禪宗興起的歷史背景與惠能的活動時說：「禪宗爲什麼能作爲佛教各宗的後起之秀而獲得那樣廣泛而長期的流行？這個問題頗不簡單，應先從它的深刻的歷史背景來進行分析。」〔註6〕柳田聖山在《中國禪思想史》〈引言〉中云：「作爲中國佛教一派的禪宗，要追尋其歷史的由來，在某一程度是可能的。不過，禪並不像其他佛教諸宗那樣，具有特定的宗祖與義理體系，我們對它的歷史的探究之道，已逐漸迷失了。作爲禪宗的基本文獻的「語錄」，與那些如恆河沙數的被稱爲「傳燈錄」的禪宗史書，由於我們難以找到線索，以弄清楚它們的主張與教義，故都變成難解了。」〔註7〕本章試從佛教輸入中國、義學與師說的傳習、東山法門與禪宗的初創、南北禪宗的對立，來探討禪宗形成的背景、禪法的風格及其在會昌法難前的情勢。

第一節　佛教輸入中國

佛教在輸入中國之前，已具備完整的教學體系，並有諸多教團的形成，在戒、定、慧三學之中係以定學爲核心。然佛教在中國，先在民間流傳，才漸爲上層士夫乃至王公所容受，而以小乘教法爲先，大乘教法接踵。國人因

　　妙用，運水及搬柴。』石頭然之，曰：『子以緇耶素耶？』居士曰：『願從所慕。』遂不剃染。」
〔註6〕嚴北溟《中國佛教簡史》（木鐸出版社，民國77年3月初版），頁158。
〔註7〕柳田聖山《中國禪思想史》，頁7～8。

佛典的傳譯與研習，義學由之勃興，然定學則因教禪者稀且非專門，又佛教傳入不久知悉大乘教觀者不多，致使漢、晉之際習禪風氣不盛。杜繼文、魏道儒著《中國禪宗通史》〈早期禪法〉一文中云：「概括佛教全部修行的戒、定、慧，被稱爲三學，大乘佛教將三學擴展爲菩薩行的六度，都將禪定放在重要地位。因此，禪學向內地的傳播，同佛教在中國的整體發展狀況總是相應的。」〔註8〕所以在探研中國禪宗的初行時，實有必要了解印度佛教的面貌及禪、教初傳中土的情形。

一、印度的早期佛教

佛教創立於西元前六～五世紀的古印度，起初流行於恒河中上游一帶。〔註9〕佛陀在世中，一直是佛教徒僧團的最高指導者，舉凡教義、教禮的問題，無不因時、因地示予適當的教誨。依長部經典之《大般涅槃經》記載，佛陀臨終時，於拘尸那羅的沙羅林中，教誡諸比丘不可放逸，並教示他們於佛滅後，應依波羅提木叉的無上戒法爲師、依四念處住、用默擯對待惡性比丘。從佛陀滅後，歷經原始佛教時代（佛滅後百年間）、部派佛教時代（佛滅後百年～四百年），到西元前三世紀的阿育王時代（西元前268～232年），佛教產生了上座部、說一切有部以及大眾部等三大潮流。

佛陀在世時，已有教團的地方性分化的傾向。佛教初起，佛教徒社會不過只是一些修行者，與在家信者的樸素集團而已，但不久成爲中核的僧院活

〔註8〕 杜繼文、魏道儒著《中國禪宗通史》（江蘇省新華書店發行，民國82年8月第一版），頁6。

〔註9〕 有關佛教創始者佛陀的生卒年代，學界尚未成定論。依任繼愈主編《中國佛教史》卷一頁46云：「主要有這樣幾種説法。一、現在比較流行的説法是依據眾聖點記（見《出三藏記集卷》十一〈善見律毗婆娑記〉）的記錄，認爲釋迦的生卒年當爲公元前565年～前485年；二、按東南亞佛教流行國家的説法，佛陀的生卒年爲公元前624年～前544年或公元前623年～前543年；三、據希臘史和印度史資料，阿育王即位在公元前271年，而說一切有部論書的《部執異論》說釋迦死後第116年阿育王即位，這樣釋迦的生卒年當爲公元前466年～前386年；也有人認爲阿育王即位當在公元前268年，這樣釋迦的生卒年當爲公元前463～前383年。（谷風出版社，民國76年4月）。《望月佛教大辭典》年表採第一種説法（世界聖典刊行協會發行，昭和41年2月），渡邊照宏的《佛教》一書採第二種説法（協志工業叢書出版社印行，民國69年1月，頁35），而玉城康四郎主編的《佛教思想》則採第三種説法（幼獅文化事業公司出版，民國74年6月，頁2～3）。

動，開始在社會中活躍。佛陀入滅後，教團的傳統為各地方所繼承、發展，僧團雖無統合組織，但由四大聖地起，凡與佛陀有緣的地域為中心，彼此交換知識，在實踐上也頗有反省的機會。〔註 10〕而與此同時期，佛教也具備了可應付各種人類信仰上、思索上以及文化上要求的資格。到阿育王時代，佛教更臻於完全成熟的制度化宗教。他們集結經典，開展教育學的體系；教祖佛陀被神格化，成為信仰的對象；出家眾與在家眾，各有應守的戒律；甚至教團背後，已具有權力、資力兼有的支持者；佛教已不僅再是眾多小分派之一，它早已是文化的一大勢力，肩荷起文明的使命。〔註 11〕

阿育王是孔雀王朝的第三代君王，統一全印後，實現了轉輪聖王的理想，派諸長老去各地佈教。部派佛教由是隨國家政策，向印度各地以及周圍國家傳播，往南到錫蘭，漸次擴張到緬甸、泰國、柬埔寨等東南亞國家；往北則由健陀羅和迦濕彌羅傳到大夏、安息以及大月氏等中亞地區。大月氏原居我國敦煌、祁連山一帶，被匈奴冒頓單于打敗，往西逃至媯水（阿姆河），征服大夏。西元一世紀上半葉，貴霜翕侯丘就卻統一諸部，自立為主，建立貴霜王國，西侵安息，佔有喀布爾平原、南印度，滅濮達、罽賓；其子閻膏珍掃蕩了犍陀羅以及五河地方之印度希臘殘存勢力，同時鞏固印度以外之西北諸地。到迦膩色迦王（約西元 78～120 年）以後，貴霜王國的勢力東至波羅奈，南達於頻陀山脈，西北的喀什葛爾、葉爾羌、于闐等西域諸地，由伊朗的東北部到鹹海附近也是其勢力範圍。在迦膩色迦時代，佛教得王室庇蔭，舉行第四次結集，編纂了迦溫彌羅系大毘婆沙論，佛教也開始向庶民階層開展，例如這時候舍利（Sahsa，即遺骨，聖骨）的崇拜趨於普遍化，各處也建了不少窣堵波（seiysas，即埋葬聖者遺物的墓塚），而尊崇諸如佛陀所留足印，或稱佛陀在其蔭下入涅槃的菩提樹等俗信傾向也日漸普及，甚至阿育王時代全不可見的崇拜佛像的習慣也一般化。〔註 12〕河西藩送來的人質，在學習佛教後，准許歸還本國。〔註 13〕

貴霜王朝時代，在印度西北地區最有勢力的教團是說一切有部，此外正

〔註 10〕渡邊照宏著、陳世昌譯《佛教》，頁 79。

〔註 11〕約瑟・M・北川著，邱明忠等譯《東方諸宗教》（東南亞佛學院協會台灣分會，民國 61 年 3 月）〈佛教及僧伽〉，頁 211～212。

〔註 12〕《東方諸宗教》，頁 216。

〔註 13〕玄奘《大唐西域記》第一，《佛教大藏經》第七五冊（佛教出版社印行，民國 67 年 3 月），頁 6 上。

量部、飲光部、法藏部、化地部、大眾部等部派並興。同時大乘佛教也逐漸
在印度南部、西北地區形成，日益擴大社會影響。大乘佛教經典《般若經》、
《法華經》、《華嚴經》、《阿彌陀經》、《維摩經》等大都在這個時期形成。大
乘佛教的著名論師馬鳴、龍樹也都活躍這個時期。馬鳴菩薩生於東印，未皈
佛前，持有我論，善於論辯，皈依富那夜奢尊者後，在中印行化。現存著書
有《佛所行讚》、《大莊嚴經論》、《大宗地玄文本論》、《大乘起信論》等。龍
樹菩薩（西元 150～250 項），生於南印毗達婆國，初出家有部，進研大乘《般
若》、《華嚴》，後周遊全印，於南印國發展大乘，晚年行化西印、中印，著有
《中論》、《十二門論》、《大智度論》等，發揮了《般若經》的理論，創立大
乘佛教中觀學派。〔註14〕

二、佛教傳入中土

貴霜王國的存在年代（西元前一世紀中葉～四世紀初葉），約當中國的後
漢到魏晉時代，這個王國的中心是橫貫中亞絲綢之路的樞紐。它不僅與中國
西域各國有著政治上的外交往來，而且還進行頻繁的經濟、文化交流。在這
個時期，印度的佛教也通過貴霜不斷傳到西域各國和中國內地，但佛教的初
傳，是緩和而漫長的，當時以市集、寺塔爲中心逐步推展。〔註 15〕至於佛教
的傳入，及流佈情形，據顏尚文在《隋唐佛教宗派研究》一書第二章〈佛教
宗派內含之淵源〉中云：

佛教何時傳入中國？說法甚多，湯用彤認爲應在西漢末葉傳入。兩
漢之世，盛行鬼神祭祀，服食修練，佛教傳入也附會這種潮流，爲
祭祀方術之一種，而流行於民國。至於佛學在我國獨立爲道法之一
大宗，則在東漢桓靈之世，安世高傳入小乘阿毗曇學及禪法，支讖

〔註14〕馬鳴與龍樹的事跡，參見《付法藏因緣傳》卷第五，《大正藏》第五十卷，頁
314～318。

〔註15〕岡崎敬等著、張桐生譯《絲路與佛教文化》（業強出版社，民國 76 年 5 月初
版），頁 15。岡崎敬〈絲路的考古學〉文中云：「佛教的經典和思想一開始就
到中國本土大概是不可能的，中國最早建立的佛教寺院是在天山南路的和
闐、民豐和米蘭、樓蘭等地，後來推廣到北道的庫車、吐魯番等地，再傳敦
煌地區……佛教寺院就是以這種形式慢慢地在綠洲都市中間推廣出去的。
初期的佛教寺院以塔爲重點，在塔的四周裝飾著佛像。塔四周的石佛和石壁
上的佛像無法拆下來搬走，所以初期大概是製成小的金銅佛，再由商隊的人
們一邊禮拜一邊來東方。」

傳入大乘般若經及禪觀。從傳譯的年代來看，一方面世俗佛教先流
傳民間，而後其較高層之一面——宗派才陸續傳入，因此，宗派可
說是奠基在世俗佛教上。另一方面印度正值部派佛教與大乘佛教交
遞之際，所以只有小乘經論與初期大乘般若經的流傳，爲往後大小
乘宗派的形成奠定基礎。〔註16〕

佛教的傳入，對中國的文化產生甚大的奮進。在佛教入中國前，釋迦牟尼佛
說法四十九年、談經三百餘會所集成的三藏十二部經（經說定學，律說戒學，
論說慧學）已經成立。三藏十二部經中，出世自度之解脫道，是爲其親聞弟
子而說，去惡行善之世間人天道，係爲在家弟子而說。佛法的傳入，中國人
最先接觸人天小乘教，由其啓迪，乃從幽靈崇拜頓時轉爲三世因果、六道輪
迴的信仰。而方士巫覡也吸收「禪數」、「神通」、「懺摩」之說，形成理論嚴
謹、修法完整、組織繁複之道教。〔註17〕而佛教思想中的「禪」與「淨土」，
因國人希望長生與喜好自由的天性，而漸落根于中國社會。〔註18〕而其教理，
則透過釋道安（312～385）研究禪經〔註19〕與其弟子慧遠（334～416）在廬
山結社念佛〔註20〕的行實，而逐漸廣披上層社會。

　　嗣後，大乘佛法接踵而至，大月氏僧支婁迦讖於漢靈帝光和、中平年間
（178～189）在洛陽譯出《般若經》，〔註21〕中國人領悟其殊勝旨趣而予以信
奉，爲求進一步瞭解，掀起了西行求法之熱潮。待至西元三、四世紀，印度

〔註16〕顏尚文《隋唐佛教宗派研究》（新文豐出版公司印行，民國69年12月初版），
　　　　頁50。
〔註17〕有關佛、道交融情形，可參閱湯用彤《漢魏兩晉南北朝佛教史》上冊，〈佛道〉
　　　　（商務印書館印行，民國51年2月），頁63～87。鎌田茂雄著、關世謙譯《中
　　　　國佛教通史》第一卷〈佛道二教的交流〉（佛光出版社印行，民國74年），頁
　　　　32～45。
〔註18〕柳田聖山著、吳汝鈞譯《中國禪思想史》，頁27。
〔註19〕釋慧皎《梁高僧傳》〈晉長安五級寺釋道安傳〉，《高僧傳初集》卷第五（臺灣
　　　　印經處，民國62年9月二版）頁115中云：「旣達襄陽，復宣佛法。初經出
　　　　已久，而舊譯時謬，致使深意隱沒未通，每至講說，唯敘大意轉讀而已。安
　　　　窮覽經典，鉤深致遠，其所注《般若道行》、《密迹》、《安般》諸經，並尋文
　　　　比句，爲起盡之義，及析疑甄解，凡二十二卷。序致淵富，妙盡深旨，條貫
　　　　既敘，文理會通，經義克明，自安始也。」
〔註20〕前引書卷第六〈晉廬山釋慧遠傳〉頁140云：「彭城劉遺民、豫章雷次章、雁
　　　　門周續之、新蔡畢穎之、南陽宗炳、張萊民、張季碩等，並棄世遺榮，依遠
　　　　遊止。遠乃於精舍無量壽像前，建齋立誓，共期西方。」
〔註21〕慧皎《高僧傳》〈漢洛陽支婁迦讖傳〉，《高僧傳初集》頁7。

大乘佛法纔在龍樹、提婆倡導下傳佈開來，經鳩摩羅什（343～413）的傳譯，中觀性空之學入華，下開「三論」、「十地」、「成實」之宗。〔註22〕至於當時禪法的情形，湯用彤認爲：「漢晉流行之禪法大別有四：一曰念安般、二曰不淨觀、三曰念佛、四曰首楞嚴三昧。」〔註23〕以上禪法，除首楞嚴之外，均不出羅什所譯的《坐禪三昧》、《禪法要解》、《禪秘要法經》以及覺賢所譯的《達摩多羅禪經》。〔註24〕李志夫在《中印佛學之比較研究》〈禪宗〉文中認爲，初期禪者是以片面般若譯本爲奉持重點，〔註25〕且云：「上述禪法及禪家思想，雖有大乘空觀，但多重小乘之禪觀，這對爾後禪宗之影響都是肯定的。」〔註26〕此時由於國人對於禪與智的要求增高，以菩薩的禪法來批判小乘的禪法，所以在禪法的指導上轉向《般若經》，淨土信仰亦然，如曇鸞亦是精於般若的學者。〔註27〕由於對禪與智的重視，再加上後來達摩由西而來東土傳「迦葉頓超」之門，禪宗逐漸蘊釀而生。

第二節　義學與師說的傳習

　　魏晉時代，中國習禪風氣不盛，且受玄學與格義乃至佛教義學的影響，學人甚稀。待到達摩由西而來，傳大乘空觀且以《楞伽經》印心，中國學人雖耳目爲之一新，但不重其道法，謂爲魔說而加以迫害，致使大乘空觀不能立即在中國繁興。而定學則有賴僧稠、慧思的依教修心，而漸得弘傳，然南北朝末年學人所重視的禪法仍舊是印度式的「實相禪觀」。至於達摩所傳大乘空觀，則賴慧可以下諸師的弘化，乃能不絕如縷地傳播開來，由楞伽師資形成一獨特的派系，蔚成禪宗。而禪宗的思想，係建立在中國傳統思想、教下諸師說與宗派思想之上，而以般若思想爲軸心，并針對「人人皆有佛性」的涅槃思想加以闡揚的，且針對「心識」有其獨到的修證驗工夫及見解，所以發展到隋唐形成一大宗派，漸爲學人所依歸，有凌駕與融會教下諸宗的氣勢出現。

〔註22〕參見游俠〈鳩摩羅什傳〉，《中國佛教總論》（二）頁 43～49。

〔註23〕湯用彤《漢魏兩晉南北朝佛教史》，頁 254。

〔註24〕李志夫《中印佛學之比較研究》（中央文物供應社印行，民國 75 年 11 月出版），頁 544。

〔註25〕前引書，頁 546。

〔註26〕前引書，頁 538。

〔註27〕《高僧傳二集》卷第七〈魏西河石壁谷玄中寺釋曇鸞傳〉，頁 182～185。

一、漢魏兩晉的佛學趨勢

佛教在漢世，被視為道術之一種。其流行之教理行為，與當時中國黃老方技相通。其教因西域使臣商賈以及熱誠傳教之人，漸布中夏，流行於民間。上流社會，偶因好黃老之術，兼及浮屠，如楚王英、明帝及桓帝皆是。至若文人學士，僅襄楷、張衡略為述及，而二人亦擅長陰陽術數之言，此外則無重視佛教者。〔註28〕故《牟子理惑論》云：

> 世人學士，多謗毀之。………視俊士之所規，聽儒林之所論，未聞
> 修佛道以為貴，自損容以為上也。〔註29〕

及至魏晉，玄學清談漸盛，佛教依附玄理，大為士大夫所激賞。漢末洛陽佛教，有二大系統，即安世高與支婁迦讖之學。兩者都活動在黃巾之亂、董卓之亂的前後。至三國時，播於南方安世高系的禪學，偏於小乘，其重要典籍為《安般守意經》、《陰持入經》，安玄之《法鏡經》及康僧會之《六度集經》等。安世高所譯小乘上座部的經，重點放在禪數上；關於禪法，安世高是依僧伽羅剎的傳承，用四念住貫穿五停心而修習。〔註30〕念息法門因和當時道家「食氣」、「導氣」、「守一」等說法有些類似，傳習較普遍，學人著名的有南陽韓林、穎川皮業、會稽陳慧，而生於交阯之僧會，曾從三人問學。〔註31〕其在〈安般序〉中論述，心的溢蕩，由於內外六情而起，須要安般，即數息、隨、止、觀、還、淨六行以治之。〔註32〕直至東晉的釋道安，仍是遠承安世高之學，注釋不輟。〔註33〕

支讖之般若，其重要典籍為《道行經》、《首楞嚴經》及支謙譯之《維摩》、《明度》等。支讖的弟子支亮，生長於洛陽的月氏人支謙則從旁協助支亮，

〔註28〕 參見湯用彤《漢魏兩晉南北朝佛教史》上，頁86。
〔註29〕 僧祐《弘明集》卷第一，《大正藏》第五十二卷，頁5。
〔註30〕 按：五停心者，一不淨觀、二數息觀、三慈悲觀、四因緣觀、五界分別觀。
　　　　此五種觀，為對治貪欲、散亂、瞋恚、愚癡、我執五種大障，又稱五度門。
　　　　四念住者，一身念住，觀身為不淨；二受念住，觀受為苦；三心念住，觀心
　　　　為無常；四法念住，觀法為無我。此四念住以慧為體，慧之力能使念身、受、
　　　　心、法所觀之處，故又名四念處。小乘行人於五停心觀之後，修四念處觀。
　　　　依五停心以止行人之亂心，是為奢摩他。依四念住以發行人之觀慧，是為毗
　　　　婆舍那。
〔註31〕 《高僧傳初集》卷第一〈漢雒陽安清傳〉，頁7。
〔註32〕 僧祐〈出三藏記集序〉卷第六〈安般守意經序第二〉，《大正藏》第五十五冊，
　　　　頁43。
〔註33〕 《高僧傳初集》卷第五〈晉長安五級寺釋道安傳〉，頁115。

漢獻帝末年，洛陽一帶兵亂，他隨族人南渡東吳，從吳黃武元年到建興中約三十年間（223～252 年），搜集各種原本和譯本，未譯的補譯，已譯的訂正。其譯作尚文尚約，豐富了佛傳文學的內容，並通過讚唄的運用，影響到後來偈頌譯文的改進。〔註 34〕支讖一系之學，重智慧，旨在探求人生之本眞，使其反本。其常用之名辭與重要觀念如佛、法身、涅槃、眞如、空，與老莊玄學之道、虛無、本無等，互相牽引附會，而得流傳，造成兩晉南朝的佛學風氣。總之，此期佛教傳進的兩股潮流，都是以漢末社會的大動盪爲背景而在流傳。〔註 35〕至於禪法在東晉以前之所以不振，不能僅歸於中印思想的相異，而是當時教禪者稀少且非專門，而中國學人在義學基礎上，亦對禪教有所渴求。孤峰智璨在《中印禪宗史》中云：

> 學者論當時禪教不振的理是：這些數息觀及佛身觀等，與中國國民思
> 想，關係甚爲疏遠，而不能立刻普遍流行民間。儘管東晉前佛教在中
> 國繁盛，儘管禪教的一再傳譯，卻沒有實地修習者，的確與當時的國
> 民思想缺少調和，這個至論確是其原因之一。據我看來，世高、僧會
> 諸師本身，並不是專門於實行禪的人，是一個主要原因。是經典上的
> 禪的播者，而不是眞的禪教的授者，所以當時即使有人想實行，事實
> 上也沒有實地指導的人物。東晉時代覺賢來華翻譯禪經。並指導實行
> 時，廬山之徒喻以如優曇華般的奇異。觀其欣喜，可以窺知此間消息。
> 又理論和學解的佛教，比較容易理解而得到普及，因禪教以實行爲主
> 之故，大體能理解而不容易實踐躬行，無法遽然普及。〔註 36〕

禪數學與般若學這兩家學說在以後的發展中，安世高一系只在一定的範圍內活動，而大乘般若思想因有更大的群眾基礎，爲後來大乘學說的發展奠定了準備工作。〔註 37〕東晉時代，在鳩摩羅什（343～413）以前，從事般若研究的，不下五十餘人，或讀誦、講說，或注解經文，或往復辯解，或刪繁取

〔註 34〕前引書卷第一〈吳建業建初寺康僧會傳〉，頁 10～11。另見《出三藏記集》卷第十三〈支謙傳第六〉，《大正藏》第五十五冊，頁 97。

〔註 35〕任繼愈主編《中國佛教史》卷一（中國社會科學出版社，民國 70 年 9 月一版），頁 315 云：「如果說安世高所傳佛教小乘學說，投合了當時某種厭惡社會人生、超脫現實的悲觀主義需要，那麼支婁迦讖所傳佛教大乘學說，則是用精神上的自我安慰去順應急劇變化著的社會條件的混世主義需要。」

〔註 36〕孤峰智璨著、釋印海譯《中印禪宗史》（海潮音社出版，民國 61 年 10 月出版），頁 76～77。

〔註 37〕呂澂《中國佛學源流略講》（里仁書局印行，民國 74 年 1 月印行），頁 33。

精而爲經鈔，或提要鉤玄而作旨歸，或對比《大品》、《小品》，或合《放光》、《光贊》，從而對於般若性空的解釋，產生種種不同的說法，而有六宗、七宗之分。〔註 38〕般若性空的正義，直到鳩摩羅什才闡發無遺。羅什綜合般若經論而建立畢竟空義，其說散見於《大乘大義章》和《注維摩經》中。後來其弟子僧肇（374～414）繼承他的學說，更建立「不眞空義」。而玄學與般若思想，不僅影響初期的禪者，與後來的禪宗亦有密切關係。李志夫在《中印佛學之研究比較》書中說：「中國之禪宗從初期禪者到五家子孫，都是以般若思想爲軸心，綜合天臺、華嚴、唯識，乃至中國之玄學悟證而成者。」〔註 39〕而天臺、華嚴、唯識，乃至禪宗思想，皆由南北師說中融匯而成的。

二、南北師說

　　自北魏太武帝統一華北諸國，對隋朝南北一統，一百五十年間。佛教面臨到新的局面。對眾多譯經論、講習，以及義理的辯論，導致佛教諸學派的成立。由於佛教教團的社會勢力的日益壯大，招致北魏太武帝、北周武帝的廢佛。更因道教的成立，引發了教團間的抗爭。然佛道之爭，更促進了兩教教法的融攝，並體認佛道確應有別，以及佛教義學漸爲時人所理解，信奉者增多。

　　南北朝的佛教有許多義學沙門，分別就毗曇、成實、諸律、三論、涅槃、攝論等從事專研弘傳，而成許多的學系，具備宗派的雛形。李志夫在《中印佛學之研究比較》書中論及禪宗時說：

　　　　在文化思想上，也有一條規律，那就是「由博返約，由約返博」。就
　　　　以印度佛教爲例：印度傳統思想爲博，佛陀教義爲約。佛教部派思
　　　　想爲博，初期大乘思想爲約。後期大乘思想爲博，密宗思想爲約，
　　　　竟由約而衰。就以中國佛教而論，融通了中國思想，至有隋唐三論、
　　　　天臺、華嚴各宗宏著經論，疏證涅槃，使本土思想相顧失色，幾已

〔註 38〕六家是：一、道安，說無在萬化之前，空爲眾形之始；法汰、竺法深，說從
　　　　無生有，萬物出於無的本無義。二、關內的即色義，說色法依因緣和合而生，
　　　　沒有自性，即色是空；支道林的即色游玄義，說即色是本性空。三、于法開
　　　　的識含義，說三界萬有都是倒惑的心識所變現。四、釋道壹的幻化義，說世
　　　　間諸法都如幻化。五、竺法蘊，對外物不起計執之心，說它空、無；支愍度、
　　　　道恒的心無義。六、于道邃的緣會義，說諸法由因緣會合而有，都無實體。
　　　　六家中本無家有兩說，所以合稱七宗。
〔註 39〕李志夫《中印佛學之比較研究》，頁 538。

取而代之，是謂博矣。自禪宗以降，即爲返約。就以禪宗本身而論，
除了南北朝之發皇外，北宗算是博，南宗算是約。或單就禪法論：
三祖以前算是博，四祖以後算是約。……從慧遠等習禪，到達摩至
三祖之印度禪，乃至四祖以下之中國禪，都是以般若思想爲經，以
三論、天臺、華嚴各宗思想爲緯的。而是初禪期之慧遠與牛頭，乃
至曹洞，兼有《易經》之辯證方法……所謂禪宗之由博返約，乃是
禪宗祖師們體驗到了「般若慧空」之大機大用。〔註40〕

禪宗的興起，與印度佛學以及中國傳統思想有密切的關係，印度佛學傳入中國
後，國人能融匯其學說，闡揚義理乃至自立門戶，蔚成宗派，形成教下諸宗。
而達摩由西而來，教示「直指本心」的奇特方便，使佛教恍惚回到原始佛教時
僧人居山林、頭陀行、不出文記的面貌，因「禪」與「教」（或智）的呼應而產
生禪宗。所以，實有必要了解在禪宗初期時南北師說的情形及其對禪宗的影響。

（一）涅槃師

涅槃師們，共同議論到的「宗致」，集中在「佛性」這一範疇內。特別表現
在「一闡提」能否成佛的問題上。《涅槃經》的初分認爲，除「一闡提」外一切
眾生皆可成佛，但在經的後分則認爲「一闡提」也有佛性。在〈師子吼菩薩品〉
且云：「一切眾生悉有佛性，如來常住無有變易。」〔註41〕這在中國引發竺道生
的一場公案。《涅槃經》對「佛性」的意義講得不夠明確，一忽兒指心，一會兒
指境，因此使得當時各家對「佛性」的研究，產生不同說法，有的從心的方面
理解，有的從法的方面理解，而且都能從經文中找到各自的依據。到了隋代，
吉藏（549～623）寫《大乘玄論》談到「佛性」的意義，把過去各家師說作總
結，共十二家三大類（假實、心、理）。〔註42〕吉藏是三論宗的大家，根據般若
強調無我、空等，所以特別贊成理類的「中道」爲佛性之說。以爲凡是能體會

〔註40〕前引書，頁 537～538。
〔註41〕《大般若涅槃經》卷二十七，《大正藏》第十二冊，頁 524。
〔註42〕吉藏所舉的十二家是，一以眾生爲正因佛性；二以六法爲佛性；三以心（識）
爲佛性；四以冥傳不朽爲佛性；五以避苦求樂爲佛性；六以真神爲佛性；七
以阿梨耶識自性淨心爲佛性；八從當果上講佛性；九從得佛之理上講佛性；
十以真如爲佛性；十一從第一義空來講佛性；十二以中道爲佛性。第一類是
一、二家，他們所主張的佛性都是指人而言，但因爲有假（人）有實（五蘊）
而分爲二。第二類是三至七的五家，都是由心上講佛性的。第三類是八以下
各家，都是指理而言的，換言之，都是由境上成立佛性的（參見呂澂《中國
佛學源流略講》，頁 129～130）。

到「中道」的、「正智」的都有成佛之可能。事實上，吉藏以後佛性說隨著瑜伽行大乘的發展，其意義卻轉而側重於「心識」方面去了。這種由「外境」講佛性之轉向由「心識」上講佛性，正是適應印度佛學思想的必然發展。〔註43〕即對於定、慧，印度人天性上側重前者，就其直觀世間，從而產生「闡提無佛性說」，而國人受本體論的影響，而直覺「人人皆有佛性」爲本然。因對心的認識有疾、遲之別，從而在實踐上產生不同的「禪」思想，禪宗興起時有「無住」與「離念」、「即體即用」與「隨緣運用」之諍詰。

中國在佛性問題上，由於竺道生以「當果」爲佛性的主張，引起學者們對佛性究竟是「始有」還是「本有」的探討。爭論一直持續到隋唐仍無定說，此乃促使玄奘到印度求法的一大原因。玄奘在〈啓謝高昌王表〉上說：

> 遺教東流，六百餘祀，騰會振輝於吳洛，讖什鍾美於秦涼。不墮玄
> 風，咸匡勝業。但遠人來譯，音訓不同。去聖時遙，義類差舛，遂
> 使雙林一味之旨，分成當現二常，大乘不二之宗，析爲南北兩道，
> 紛紜爭論，凡數百年，率土懷疑，莫有匠決。〔註44〕

玄奘回國後，創立了慈恩宗，涅槃、毗曇、攝論乃爲之消融。其學說之一的「五種姓說」，認爲根據人的先天素質，可以決定修道的結果。另「唯識論」，則主張世間的一切乃「唯識所變」，非獨立存在。〔註45〕慈恩宗立五種姓之說，遂與向來說「一切眾生皆有佛性」者有了出入。而後南禪宗認爲佛性是「人人本來俱有」，更依據《大梵天王問佛決疑經》，強調「涅槃妙心」之付囑，並強調「大地眾生個個具有如來智慧德相」，而有馬祖道一的「即心即佛」之說。在禪宗興起之前，涅槃師的竺道生有「頓悟成佛說」，而慧觀則判釋迦如來一代教法爲頓、漸二教。這對後世頓、漸之說，當有所影響。關於竺道生在《注維摩結經》中屢言：「當理者是佛，乖則凡夫」、「從理故成佛果，理爲佛因也」、「佛爲悟理之體」。〔註46〕在《大般若涅槃經集解》中更直言：「體法爲佛，法即佛矣」、「夫體法者，冥合自然，一切諸佛，莫不皆然，所以法爲佛性也。」〔註47〕竺道生的思想，對後世禪宗當有所影響。據賴永海《中國佛性論》〈眾生有性與一分無

〔註43〕《中國佛學源流略講》，頁13。

〔註44〕《中國佛教思想資料選編》第三卷（弘文館出版社，75年9月初版），頁6。

〔註45〕參見虞愚〈慈恩宗〉，中國佛教協會編《中國佛教》一（知識出版社，民國69年4月一版）頁292〜303。

〔註46〕《大正藏》第三十八卷，頁353、360、375。

〔註47〕前引書第三十七卷〈師子吼品〉。

性〉中云：

> 如果説，「體法爲佛」主要從法、法性、實相等角度去談佛性，那麼
> 「當理爲佛」則主要從覺性、悟性方面去解釋佛性。這兩種佛性説
> 對後世都產生深刻的影響，前期禪宗主即心即佛，迷凡悟聖，後期
> 禪宗大講無情有性，諸法本來是佛，與道生之法佛性、理佛性説實
> 在不無關係。〔註48〕

竺道生首開中土「一切眾生悉有佛性」之佛性理論的先河，後世天臺、華嚴、
禪宗亦接踵唱導眾生悉有佛性。此外其唱導「善不受報」及「頓悟成佛」之
説，其思想爲禪宗所闡發，並融入日常生活，且以之來化導後學。據馮友蘭
在〈論禪宗〉一文中云：

> 於「諸境上心不染」，即是「於諸法上念念不住」。此即是無住，亦
> 即是「於相而離相」，亦即是「無相」。所以《壇經》所説：「無念爲
> 宗，無相爲體，無住爲本。」實只是「無念」。「前念著境即煩惱，
> 後念離境即菩提。」此即是「善不受報」、「頓悟成佛」之義。〔註49〕

> 從迷而悟，謂之從凡入聖。入聖之後，聖人的生活，也無異於平常
> 人的生活。超聖是所謂「百尺竿頭，更進一步。」南泉云：「直向那
> 邊會了，卻來這裏行履。」（《古尊宿語錄》卷十二）《曹洞語錄》引
> 作：「先過那邊知有，卻來這裏行履。」「直向那邊會了」，是從凡入
> 聖。「卻來這裏行履」，是從聖入凡。〔註50〕

> 擔水砍柴平常作之，只是擔水砍柴，聖人作之，就是神通妙用。因
> 有此不同，所以聖人雖做平常人所做的事，而不受所謂生死輪迴中
> 的果報。……聖人雖做平常人所作的事，但不沾滯於此等事。〔註51〕

竺道生對《涅槃經》的體會，提出「頓悟成佛」與「善不受報」之説，對後
世禪門，尤其是南禪中人的影響是顯然的。賴賢宗在〈如來禪與如來藏説之
交涉〉文中説：

> 「如來藏禪」是印度禪的本貌，中國的南宗禪強調「見性」思想，
> 其後並開展出祖師禪「作用見性」的大機大用，這已是經由《涅槃

〔註48〕賴永海《中國佛性論》（佛光出版社，民國79年），頁103。
〔註49〕胡適等著《禪宗的歷史與文化》，頁23。
〔註50〕前引書，頁28。
〔註51〕前引書，頁29。

經》的中介，而移植到中國思想「體用哲學」的文化土壤上所開出的奇葩。〔註52〕

透過對《涅槃經》的理解，以及心識的拓展，南禪中人的行持中體現了「體用」與「機用」，例如南泉斬貓以息爭的故事，常被舉爲話頭來讓學人參省。百丈懷海設立叢林，斬草伐木、掘地墾地，始作故事，天下爲之風偃。雪峰刀芟蛇爲兩段，而玄沙以杖拋於背後而不顧，以示學眾。洞山與僧密兩人行腳，論及過水事「腳不濕」與「不濕腳」的話語。臨濟接引學人「四料簡」中之「人境俱不奪」，乃從聖入凡的境界。此皆顯示禪門之所作，正體現竺道生「不沾滯於事，不爲事所累」的「頓悟成佛」與「善不受報」思想。

（二）成實師與毗曇師

隨著涅槃研究的發展，同時出現了成實與毗曇兩家師說。鳩摩羅什平生致力本在般若，迨到晚年始譯訶梨跋摩所著的《成實論》。〔註53〕其所以應姚顯之請而譯此論，一則此論名相分析，條理井然，可爲初研佛學者之一助；二則羅什向斥《毗曇》，此論常破《毗曇》，其持義（法無實體，只有假名）復受般若影響，可與研般若者作一對比。〔註54〕羅什歿後，義學南趨，適因時會，般若之學至僧肇已造極頂。劉宋時代學風，偏於平實，而成實一論復便於初學，且在僧導和僧嵩兩大系統的弘揚下，因相傳習，竟至稱爲大乘。及至齊、梁大盛，當時學者經常融會成實論來來講大乘，時方般若、三論漸興，始執其爲小乘，而加以排斥，至陳末才漸次衰微。〔註55〕總之，此論從羅什傳譯以來，直到唐初二百年間，在中國佛教教學上曾起了甚大的影響。它顯著的特點，即在針對有部毗曇我空、法有的說法，別明人、法二空，而其理論的根據乃二種二諦（真諦和俗諦、第一義諦和世諦）。

《毗曇》本指對法藏，而中國在六朝時特舉說一切有部之學而言。說一切有部盛於罽賓（迦濕彌羅），其地處印度西北。中國前漢以來，即通罽賓，但在道安以前，其學迄未大傳，蓋彼國教尚保守。唐玄奘《大唐西域記》卷第三云：「迦膩色迦王，遂以銅爲鍱，鏤寫論文，石函緘封。建窣堵波藏於其

〔註52〕《大專學生佛學論文集》（華嚴蓮社印行，民國82年11月），頁419。
〔註53〕《高僧傳初集》卷第二〈晉長安鳩摩羅什傳〉，頁38～39。
〔註54〕參見湯用彤《漢魏兩晉南北朝佛教史》下，頁220。呂澂《中國佛學源流略講》，頁131～134。
〔註55〕同前註。

中，命藥叉神周衛其國，不令異學持此論出，欲求習學就中受業。」〔註56〕
然至晉時，竺法護譯《賢劫經》，其原本乃得自罽賓沙門。〔註57〕而佛圖澄自
云：「再到罽賓，受誨名師。」〔註58〕及至符秦統一中國北方，與西域之交通
暢達，罽賓沙門遂群集長安，大出一切有部經律。東晉太元十六年（391）僧
伽提婆在廬山譯出《阿毗曇心論》，在建業弘傳一時，慧遠、道生、慧持、慧
觀、王珣等頗弘有部。到了劉宋，伊葉波羅、求那跋摩先後譯完《雜心論》，
僧伽跋摩於宋元嘉十二年（435）譯出《雜心論》。這一時期的毗曇師，在宋
齊二代北方罕有精者，而南朝則有多人，但殊少著名大師。法業（居建業南
林寺，善《大小品》及《雜心》）、僧鏡（在京下定林寺，善《法華》，《維摩》，
《泥洹》）、僧淵（南齊人，《成實》大家）、智林（南齊人，爲三論學者但著
《阿毗曇心論》）均不以《毗曇》爲其特出之學。且宋時善之者當，而齊時更
衰落，北方僅僧淵一人。梁時南方有道乘、僧韶、法護、法寵、法令、慧集、
智藏及靖法師、慧開等、亦多非一時之傑。惟智藏爲南方名僧，但仍成實大
家，兼以《涅槃》馳譽。其專研《毗曇》之有功績者爲慧集。慧集爲惠基法
師弟子，惠基之師爲僧伽跋摩。前此所研習的《毗曇》，多半是雜心，至慧集
始求《毗婆沙》及《八犍度》之大部，其著疏至十餘萬言，學者千人，一代
名僧莊嚴僧旻、光宅法雲均從聽講。〔註59〕

　　宋齊二代，北方佛學較盛，義學不斷，《毗曇》亦然。相當於南朝的齊梁
時代，北地毗曇的講習始盛，著名學者有安、智游、榮三師，其師承均不明。
北齊名僧靈裕曾從三師聽受《雜心》。從高昌來魏的慧嵩亦從智游聽受《毗
曇》、《成實》，學成後在鄴都洛陽宏化，北齊天保中卒於徐州，世稱毗曇孔子。
〔註60〕傳承慧嵩之學的有志念、送猷、智洪、晃覺，散魏等。志念（535～608）
學問極博，非專業《毗曇》者，其師有通智論之道長，善《地論》之道寵及
毗曇孔子慧嵩。其講學恆先開《智度》，後發《雜心》。當時北方成實元匠之
明彥，特率弟子洪該等三百餘人，躬聽志念講心論。〔註61〕僧傳列其弟子之
知名者二十餘人，均隋唐之大德。志念卒於隋大業四年，其弟子有慧休，乃

〔註56〕玄奘《大唐西域記》卷第三，《佛教大藏經》第七十五冊，頁33。
〔註57〕《出三藏記集序》卷第七〈賢劫經記第七〉，《大正藏》第五十五冊，頁48。
〔註58〕慧皎《高僧傳》卷第十〈佛圖澄傳〉，《高僧傳初集》頁240。
〔註59〕《高僧傳初集》卷第九〈梁京師招提寺釋慧集傳〉，頁236。
〔註60〕前引書卷第九〈齊彭城沙門釋慧嵩傳〉，頁238。
〔註61〕《高僧傳二集》卷第十三〈隋渤海沙門釋志念傳〉，頁344。

唐初之元匠。〔註62〕

　　梁、陳以後，地論、攝論之學盛行，講習《雜心論》者漸少，後慧休弟子玄奘〔註63〕傳譯大量有部論書及《俱舍論》以後，遂爲學人所忽視。但《雜心論》第七〈定品〉與《成實論》道諦聚〈定論二十六品〉中所論聞、思、修、得、智諸問題，仍爲修習定學者所樂道。例如毗曇說四禪八定以定數爲體，餘心、心法與定相應，是定眷屬，通名爲定。而成實則說唯心爲體，不說心外別有定數。後兩家師說被法相宗所消融。而中國學人透過成實思想，去認知《中論》、《百論》、《十二門論》等三論的思想。而毗曇所云的「四禪八定」次第，後世宗門論其爲「功勳次第」，爲重「定慧等」的南禪僧家所破斥。但宗門人如潙仰宗的仰山則認爲，劣根者苟不修禪定，則對禪門中人所云的「無功之功」的從上宗風，總是茫然。而禪門，尤其是法眼宗，除強調「無功之功」之外，并更透過大乘初門「心外無物」，去接引後學。所以毗曇師與成實師所論的教義，對後世禪宗是有所影響的。

（三）三論師

　　宋初至梁，佛教義學，群集涅槃、成實。般若、三論之研求，雖未絕響，但在當時不受到重視，講之者稀少，遠非東晉可比。宋初僧導作《三論義疏》，竺道生注《小品》，作《二諦論》，其學當均受之於羅什，然前者以成實知名，後者因涅槃稱聖。另彭城僧嵩，初信《大品》，兼明《數論》，晚年僻執，謂佛不應常住。小山法瑤著《大品》，後與道猷受宋孝武帝敕同止京都新安寺，使頓、漸二悟義各有所宗，然亦以《涅槃》命家。此外，宋代曇濟作《七宗論》，亦宗般若；中興寺僧慶、多寶寺慧整、長樂寺覺世善三論，爲時學所宗。〔註64〕

　　在羅什與僧肇之後，原爲三論學附庸之成實研究風行一時，喧賓奪主，遂使三論的傳承逐漸堙沒，甚至影響到與三論有關的《大品般若》之研究，也跟著衰退。周顒《成實論序》中云：「至於大品精義，師匠蓋疏……是使大典榛蕪，義種行輟。」〔註65〕齊梁二代，成實學勢力極盛。般若、三論雖有學者如智林申明二諦義，但不廣行。周顒作《三宗論》，乃發三論學者對《成實論》的攻擊之先聲。《三宗論》乃記載關於二諦學說的三家主張。此

〔註62〕前引書卷第十八〈相州慈潤寺釋慧休傳〉，頁490。
〔註63〕前引書卷第四〈唐京師大慈恩寺釋玄奘傳〉，頁88。
〔註64〕參閱《高僧傳初集》卷第八〈義解五〉諸師傳。
〔註65〕僧祐《出三藏記集序》卷第十一，《大正藏》第五十五冊，頁78。

三家都以空爲眞諦，假爲俗諦，但在空假的關係上看法不同。第一家說「不空假名」，第二家說「空假名」，第三家說「假名空」。假名空，即僧肇所主張的「不眞空」，只名目不同而已。周顒認爲第三家爲最勝義，前二家俱是成實師。〔註66〕

眞正夠得上稱爲復興三論學的，首推僧朗。據慧皎《高僧傳》卷第九〈齊琅琊攝山釋法度傳〉云，僧朗於梁時住持攝山栖霞寺，開講《華嚴》及《三論》，後人稱爲攝山大師。天監十一年（512），梁武帝遣中寺僧懷、靈根寺慧令等十人，詣山諮受三論大義。幾絕之學，已爲人所注目。其時在都城爲時人所最重者，仍屬他宗。如開善智藏善涅槃而亦《成實論》之大家，常直上正殿踞法座，指斥梁武帝。其睥睨一世之慨，非隱遁攝山者所能比擬。〔註67〕僧朗弟子僧詮，仍隱攝山，居止觀寺，學三論最有成就。據道宣《續高僧傳》卷第九〈攝山栖霞寺釋慧布傳〉云，僧詮門下有栖霞慧布、禪眾慧勇、長乾智辯、興皇法朗（507～58）。〔註68〕齊梁以來成實學最爲風行，實三論學之巨敵，周顒嫉之於前，法朗直斥其後，三論之學傳至法朗勢力弘大。據道宣《續高僧傳》卷第九〈陳揚都興皇寺釋法朗傳〉云，其於陳永定二年（558）應武帝請，入建康住興皇寺，自後二十餘年，開講《華嚴》、《大品》、《四論》，以彈他顯山門玄義，每一上座，帝王名士所共尊敬，聽者雲會，眾常千餘。弟子出名者有羅雲、法安、慧哲、智炬、明法師、吉藏等二十五人。朗公將化，傳法座於明法師，明法師即日辭別，領門人入茅山，終身不出，常弘山門義。在唐初三論師之知名者，頗多出其門下，其弟子最有名者爲法融，即禪宗牛頭系祖師。〔註69〕至於三論宗與牛頭宗對禪宗的影響，釋印順在《中國禪宗史》序中說：

> 被稱爲「東夏之達摩」的牛頭初祖法融，爲江東的般若傳統——「本來無」，從攝山而茅山，從茅山而牛頭山，日漸光大的禪門。牛頭禪與江東玄學，非常的接近。牛頭宗的興起，是與「即心是佛」，「心淨成佛」，印度傳來（達摩下）的東山宗相對抗的。曹溪慧能門下，就有受其影響，而唱「即心是佛」、「無心爲道」的折中論調。「無情成佛」與「無情說法」，也逐漸浸入曹溪門下。曹溪下的（青原）石

〔註66〕《南齊書》〈周顒傳〉。
〔註67〕《高僧傳二集》卷第六〈梁鍾山開善寺沙門釋智藏傳〉，頁165。
〔註68〕前引書卷第九〈陳攝山栖霞寺釋慧布傳〉，頁228～229。
〔註69〕《續高僧傳》卷二十六〈潤州牛頭沙門釋法融傳〉，頁727。

頭一系，與牛頭的關係最深，當初是被看作同一（泯絕無寄）宗風的。曹溪禪在江南（會昌以後，江南幾乎全屬石頭法系），融攝了牛頭，牛頭禪不見了。曹溪禪融攝了牛頭，也融攝老莊而成為～絕對訶毀（非別）知識，不用造作，也就是專重自利、輕視他利事行的中國禪宗。〔註70〕

由三論宗導出了牛頭宗，牛頭宗初與東山法門對立，後牛頭宗被曹溪禪所融攝，而形成會昌法難下中國化、老莊化的禪宗。另成實與三論思想的研究，實對後世天臺、華嚴、禪宗的教法提供了進路。據李志夫《中印佛學之比較研究》〈三論宗〉文中說：

> 就佛學而論，漢魏、兩晉、南北朝所傳入之佛教大都是般若學，尤其羅什三藏更將印度大乘中觀派之三論譯出，般若學之正義始為中土所了解，了解了般若學正義後，才知成實論為小乘思想，並將其與中國道家思想相題併論。實則中國早期之般若思想，還是透過道家之有無，然後透過三宗論、成實思想，以認知三論宗之思想的。……簡言之，就是成實「相對之眞實有，及心空」思想影響了三論宗之「二諦是教」。……二諦思想又由格義佛教之牽線，而與易經、老子之辯證法相契合，創造了四重二諦。……四重二諦，為「二諦是教」來說，已將二諦中道發展到高峰，沒有餘地可商量了。因而使得天臺宗峰迴路轉，以唯心論立場，唱「一心三觀」以攝三千大千世界，攝三千大千世界以觀一心。華嚴宗以心為理體，事理圓融無礙，仍是本唯心立場而開展無窮緣起。……天臺祖師們依《法華》從唯心的立場；華嚴祖師們依《華嚴》從易理的立場，從理事、心物之觀係說得極為圓融無礙。使得稍後之本土禪宗無法可說，轉而向內，默而識之直參本性。透過內心之辯証，而認知本性空寂。這就是三論宗之「本于二諦」。總之，天臺、華嚴、禪宗，從二諦思想及方法來看，都是三論宗所開出之進路。也是三論宗對中國佛學佛教之貢獻。〔註71〕

另禪宗所主張的日用心行即是與「神通并妙用」的思想，同於僧肇在其《肇論》「不眞空第二」所云：「不動眞際，爲諸法立處。非離眞而立處，立處即

〔註70〕釋印順《中國禪宗史》序，頁9～10。
〔註71〕李志夫《中印佛學之比較研究》，頁401～405。

眞。然則道遠乎哉？觸事而眞。聖遠乎哉？體之即神。」〔註72〕另依據三論宗開祖吉藏（549～623 年）的《淨名玄論》，其師法朗每升座必說：「行道之人，欲棄非道而求于正道，爲道所縛。座禪之者，息亂求靜，爲禪所縛。學問之徒，謂有智慧，爲慧所縛。」又謂：「習無生觀，欲破洗有所得心，則爲無生所縛。並是就縛之中，欲捨縛耳，而實不知皆是繫縛。」法朗的見解對後世禪思想有著深刻的影響，柳田聖山在《中國禪思想史》〈只是非道才是佛道〉文中云：

> 法朗的説話，可以説要從實踐方面貫徹《大智度論》的主旨。……非道即是佛道的般若邏輯，只有在布施、持戒等具體的生活實踐中，才能眞正落實下來。特別是，中國佛教並不要求純粹的邏輯性，卻要求具體的生活實踐。三論宗的成立，天台宗與達摩系統的禪宗的興起，最能證實這點。……我們通過禪宗系的《二入四行論》與《絕觀論》，考察一下非道與道法的問題。……但從内容上看，它們是在三論宗的影響下表現出來的初期禪宗的主張，則無可疑。」〔註73〕

由三論宗的二諦思想，轉變到禪家的不立文字、默識本心的教法；由三論而牛頭，而曹溪禪的演進；由踐行佛道，而行於非道「大悲行」的思想，終於在法眼宗永明延壽的行實中得以窺見。這些禪與智的發展，雖說部份是學術思想的發展趨勢所致，但由此可見中國學人對佛理的融匯、創進與實踐。

（四）地論師

北魏自孝文帝（471～499）始，朝廷對於譯經、求法、講論均有獎勵，義學僧人輩出。其後宣武帝（499～515）時大興佛教，天竺僧人來者日眾，帝爲造永明寺居之，其中著名譯師有曇摩流支、菩提流支、勒那摩提、佛陀扇多等，而以菩提流支爲首席。菩提流支先在洛陽，後東魏遷都鄴，他隨去，到天平二年（535），一直從事翻譯。〔註74〕

菩提流支之學是繼承無著、世親大乘瑜伽一系的學說。其所譯的經，主要的有《楞伽經》，以及世親所著的釋經論，如《金剛經論》、《法華經論》、《無量壽經論》、《十地經論》等，對於後來中國佛學的發展影響甚大。當中《十地經論》一書的影響尤爲廣泛。晉宋以來，大乘學者都注意通經，那時除講

〔註72〕《中國佛教思想資料選編》，頁 146。
〔註73〕柳田聖山著、吳汝鈞譯《中國禪思想史》，頁 50～52。
〔註74〕《高僧傳二集》卷第一〈魏南臺永寧寺北天竺沙門菩提流支傳〉，頁 11～12。

《大品》、《維摩》、《涅槃》之外，還講《十地經》。這部經翻譯過幾次，早有人研究，但《十地經論》既是印度菩薩世親的對《十地經》的釋論，當然就最具權威。論中講述的義理，上與般若相貫，下又爲瑜伽開宗。十地原是配合十度來講的，在第六地配合智度時，經文提出了三界唯心的論點，世親依唯識道理加以發揮。經文講到十二緣起，世親則解釋爲依於一心。經文講到還滅，世親又認爲應從賴耶及轉識求解，不應從我等邪見中求等。這樣，世親就由三界唯心的觀點，引申到了染（十二緣起）、淨（還滅）都歸於唯心。這很適合當時學者研究上的要求，因而一時風行，競相傳習，逐漸形成所謂的地論師。〔註75〕後來禪門五家之一的法眼宗，接機時，就依三界唯心說爲方便。而隨達摩東來而形成的楞伽師資，就以《楞伽經》印心。

　　這個學派，由於譯論者菩提流支和勒那摩提二人學風相違，分岐爲南道、北道二系。〔註76〕北道從菩提流支出，流支傳道寵。道寵在流支門下三年，隨聽隨記，寫成《十地經論疏》，從而弘講，爲鄴下學人所推重，門弟子千餘人，著名的有僧休、法繼、誕禮、儒果等。又有名僧志念，亦從受學，弟子知名者甚多。如此形成北道系，但由於學說與攝論師相通，待攝論師勢力發展到北方，兩者合流，一般也就祗知攝論師的傳承。南道從勒那摩提出，其門下有兩方面，定學方面傳給道房、定義；教學方面，傳給慧光，光又兼習《四分律》，著有《十地論疏》。慧光弟子中傳承地論之學的有法上、道憑、僧範、曇遵等，而以法上爲上首（495～580）。法上在魏齊二代爲統師，綱領將四十年，四萬餘寺，咸稟其教，高句麗亦聞其風。〔註77〕弟子知名者法存、融智、慧遠三人。其中慧遠（523～592）一代博學者，常講地論，著有《十地疏》十卷，〔註78〕門人慧遷等也努力弘揚地論。法上弟子融智，常講《涅槃》及《地論》，靖嵩從之學，後於周武法難避往南方。先是眞諦譯世親著書，南僧多不信無塵唯識，頗不能廣布，講授少聞。靖嵩在建業，常詣眞諦之弟子法泰決疑，數年之中，精融攝論、俱舍論，自佛性、中邊、無相唯識，異執等論四十餘部，總其綱要。後移居彭城，因其學兼北之地論、南之攝論、攝論學遂及於北方。其曾撰《攝論疏》六卷、《雜心疏》五卷，又撰九識、三藏、三聚戒、三生死等玄義。〔註79〕弟子智

〔註75〕呂澂《中國佛學源流略講》，頁148～149。
〔註76〕釋道宣《續高僧傳》卷第九〈道寵傳〉，《高僧傳二集》頁237。
〔註77〕前引書卷第十〈齊大統合水寺釋法上傳〉，頁247～248。
〔註78〕前引書卷第十〈隋京師淨影寺釋慧遠傳〉，頁273。
〔註79〕前引書卷第十二〈隋彭城崇聖道場釋靖嵩傳〉，頁313～317。

凝，曾受學於慧遠。凝之弟子僧辯，則為玄奘法師從問攝論者。〔註80〕

慧光弟子道憑、講《地論》、《涅槃》、《華嚴》、《四分》。弟子靈裕，最知名，從慧光學《四分》，從道憑三年學《地論》，從安、游、榮三師聽《雜心》，從嵩、林二師學《成實》。隋時召入長安，眾所屬望，著述甚多。〔註81〕慧光之弟子曇遵，遵之弟子曇遷，後為北方攝論宗師。而唐有慧休者，曾師靈裕及曇遷，玄奘法師亦曾從之問攝論。與靈裕同門的青淵，〔註82〕其弟子智正〔註83〕的系統中，出現了智儼，〔註84〕又其門出了法藏，〔註85〕南道派終被華嚴宗所吸收。

地論道南、道北兩系學說的不同，即「當現兩說」和「四宗五宗」之異。地論師原兼通〈涅槃〉，討論佛性問題。此兩系的著作，除南道還略有存外，北道早已不在。所以僅知兩家的主要區在於：南道講染淨緣起，是以法性（真如、淨識）為依持，故與本有說（現果）有關係；北道講染淨緣起，則以阿梨耶識為依持，因攝論師相近，認為無漏種子新薰，與佛性始有說（當果）有關係。〔註86〕此外，在判教方面，南道的慧光及慧遠講四宗：因緣宗《毗曇》、假名宗《成實》、不真宗《般若》、真宗《華嚴》、《涅槃》、《十地經論》。認為不僅印度如此，中國也是如此。北道則講五宗，抬《華嚴》地位，稱之為法界宗。總之，本論的義理，如「凡夫不知三界唯心不于阿賴耶及轉識中求解脫而于餘處求解脫」的觀念，為一部分禪門所吸收，且促成中國初唐華嚴宗的成立。〔註87〕地論師所學，並不限於《十地經論》，思想上還受到先後流行的涅槃學派與攝論學派的影響。南道學說是根據宋譯四卷的《楞伽經》，北道則根據魏譯十卷的《楞伽經》。透過《地論》的研究，也產生了頓、漸成佛之說，且由《楞伽經》中的頓、漸之說更加深禪門南北兩大系統的分化。〔註88〕而《華嚴經》的「三界虛妄、唯心所作」與理事圓融的命題，促使禪者對「心」的重視與懲治，從而也產生種種的禪思想，如宗密所判之神秀的「息妄修心宗」、神會的「直顯心性宗」，以及臨濟的「賓主句」、曹洞的「五位君

〔註80〕前引書卷第四〈唐京師大慈恩寺釋玄奘傳〉，頁89。
〔註81〕前引書卷第十一〈隋相州演空寺釋靈裕傳〉，頁289～290。
〔註82〕前引書卷第十三〈隋終南山至相道場釋青淵傳〉，頁355。
〔註83〕前引書卷第十六〈唐終南山至相寺釋智正傳〉，頁456。
〔註84〕《高僧傳三集》卷第三〈唐京師奉恩寺智儼傳〉，頁43。
〔註85〕《高僧傳三集》卷第五〈周洛京佛授記寺法藏傳〉，頁95。
〔註86〕關於兩道分歧之諸多說法，請參閱《中國佛學源流略講》頁149～152。
〔註87〕郭元興〈十地經論〉，中國佛教協會編《中國佛教》三頁240。
〔註88〕郭朋《中國佛教簡史》〈宋譯楞伽及其思想〉，頁111。

臣」、雲門的「函蓋乾坤」、法眼的「華嚴六相義」，甚至連潙山、仰山的基本理論都源自華嚴宗的理事圓融。

（五）攝論師

傳譯印度大乘瑜伽行派學說的，在北方有菩提流支、勒那摩提、佛陀扇多及瞿曇般若流支，在南方則爲眞諦。眞諦（499～569）在華期間，正逢侯景大亂，不遑寧處，但仍隨方譯經。其學說所宗，特重《攝大乘論》和《阿毗達磨俱舍論》。他譯講這兩部論時，已年近七十，且覺中土道缺情離，不副所懷，決意西歸未得遂後，才應道俗懇請而翻出。〔註89〕在《俱舍論》未經傳譯之前，中國佛教學者研究《阿毗達摩》的毗曇師都以《雜心論》爲主，所以也稱爲雜心師。及至《俱舍論》譯出以後，他們逐漸改宗俱舍，遂有俱舍師。

眞諦之學，有兩個特點：第一、關於唯識一般只講八識，至賴耶識，眞諦則還建第九識阿摩羅識（無垢識或淨識）。此第九識是結合「如如」和「如如智」而言，「如如」指識性如如，「如如智」指能緣如如之智。第二、關於三性，其把「依他起」的重點放在染污的性質上，強調依他同遍計一樣，最後也應該斷滅。

眞諦之學，在梁、陳二代並不顯著。梁時世亂，其道晦塞。陳時其弟子僧宗、慧愷欲延其至建業，而陳京名僧嫉之，甚且上奏陳帝曰：「嶺表所譯諸部，多明無塵唯識。言乖治術，有蔽國風。不隸諸華可流服。」〔註90〕眞諦歿後十九年，而陳亡。其弟子散處江南，亦未多得信奉。至北方曇遷、靖嵩南來，始見其學可補北方地論師之所未知，乃亟爲宣揚，眞諦之學，乃得光大。〔註91〕

其學之流布閩越，以廣州智愷（518～568）爲首。及其死後，法泰傳之建業，僧宗、道尼弘之九江，曹毗傳法於江都，智激宣講於循、廣。靖嵩於金陵（537～614）諮受法泰之《攝論玄義》，回徐州，盛弘《攝論》，著有《攝論疏》、《九識玄義》等，爲時人所宗。道尼在隋開皇十年（590），應請入長安敷講，南地不復有攝論講主。北方攝論大師，靖嵩而外，實爲地論學者曇遷。

曇遷（542～607），博陵鐃陽人，早從地論名匠慧光的弟子曇遵受學，常鄙當世僧人騖馳世利，其曰：「學爲知法，法爲修行，豈以榮利即名爲道。」

〔註89〕《高僧傳二集》卷第一《眞諦傳》，頁17～22。
〔註90〕同前註。
〔註91〕湯用彤《漢魏兩晉南北朝佛教史》下，頁317。

遂隱居林廬山黃花谷中浮國寺,精研《華嚴》、《十地》、《維摩》、《楞伽》、《地持》、《起信》等。到周武帝平齊,佛法頹毀,乃結伴避江南,輾轉桂州,得《攝大乘論》。隋初,轉法輪於徐州、廣陵間,開皇七年,詔請入西安,講攝論,請業者千數,慧遠亦來聽經。〔註92〕慧遠弟子淨辨、淨業、辯相,皆研攝論。曇遷之弟子曇延、慧琳、玄琬、道英等,都兼習《地論》,會通講說。玄奘之師慧休,亦曾從曇遷學。〔註93〕

總之,陳末隋初,南之建業、九江、北之彭城、長安、均爲《攝論》重地。而彭城靖嵩之弟子智凝,傳之蜀部,因是而瑜伽師學更加廣布。後來玄奘重譯《攝論》,不論文字或義理都較簡明且爲完備,可作研究唯識學說的階梯,很受當時學人的重視,遂又形成研究新論的風氣,《攝論》各家師說便爲玄奘一系所取代。攝論學派與諸家學說所同者,在主張一切眾生皆有佛性。修行人由阿梨耶識中純粹之識(淨分)繼續發展,對治妄識(染分),這樣就可以證入阿摩羅識而成爲佛。其對識的見解,與後來的北禪宗所唱導的「住心看淨、起心外照、攝心內澄」,以及南禪潙仰宗人對法性與對識的懲治有雷同處。南禪宗人甚至提出連言句都要「絕滲漏」、非心機意識作用始得,所以展現各種機用如棒喝,以驗取學人當下之見地。這彷彿也是攝論思想落實在禪行中。

(六)十誦律師與四分律師

佛陀寂滅後,未指定教主,因此,佛的戒規由於時地變遷,而有不同的解釋,「十事非法」之諍,導致上座、大眾兩部的根本分裂。其後,各地的教團,因應時地變化及本身需求,而在佛陀的戒律體系上,創修本派獨特的律法,因此在印度流傳有各部派的廣律。戒律乃佛教徒的生活規範。在釋迦佛在世時期,每當釋子有不適當的行誼,釋尊必制止之,以免再犯。這種隨犯隨制的訓戒,在釋尊滅後結集成律藏,也出現了各種不同的解釋。這種種戒規的制定,無非是臨機致用,適時提拈的,豈爲有意限制後進不許出人頭地而設下的桎梏枷鎖。此乃佛教僧團爲顧及教團的經營需求,並因應各種繁瑣的生活變遷,「羯摩法」的出現,更加體現教團的民主作風。

佛教自古即重視戒、定、慧三學。出家者以學習戒律爲修習定學的基礎,先經禪定的學習,始能進入慧學,所以戒、定、慧三學乃修習佛道的歷程。然在中國,先有對於漢譯佛典之研究的慧學,由慧學而得到戒定之學,於是

〔註92〕《高僧傳二集》卷第二十二〈隋西京禪定道場釋曇遷傳〉,頁602～606。
〔註93〕《高僧傳二集》卷第十八〈唐相州慈潤寺釋慧休傳〉,頁490。

三學分立，就其各別的專門，而形成了宗派。佛教傳入中國，到了西元五世紀初開始有了教團的活動，為了因應教團的需求，始有《十誦律》、《四分律》、《五分律》、《僧祇律》等部派的律藏，被譯成漢文。在六朝之際的華北寺院生活，採僧祇律，江南則用十誦律，受戒時亦有依據四分律。〔註94〕

　　初譯《十誦律》的，是罽賓沙門弗若多羅，其於姚秦弘始六年（404）誦出梵本，鳩摩羅什作華言，譯到一半，弗者多羅圓寂。次年，西域沙門曇摩流支來長安，誦出其餘部分，鳩摩羅什又為翻譯，如是成五十八卷的《十誦律》。翌年，罽賓沙門卑摩羅又到長安，重校譯本，把最後一誦改作《毗尼誦》，並譯出〈十誦律毗尼序〉，放在最末，合成六十一卷，這就是現行的《十誦律》。〔註95〕卑摩羅又校改《十誦律》後，曾在江陵開講，十誦之學自此興起。〔註96〕宋、齊、梁間，弘此學的有僧業、僧璩、曇斌、慧詢、慧猷、法穎、僧隱、超度、智稱、僧祐、法超、道禪、曇、智文、道成等。

　　其中僧業（367～441），從羅什受業，專習《十誦》，釐定戒本與廣律不同的譯語，羅什讚嘆為後世的優波離，既而避地建康，和弟子慧光等相繼在吳中講說。慧詢亦從羅什受業，尤長於《十誦》、《僧祇》，後回廣陵、建康弘溝。慧猷住江陵辛寺，專修律典，深通《十誦》，講說不斷。南方的律學差不多局限於《十誦》一律，到齊、梁間由智稱（430～501）弘揚，遂極一時之盛。僧祐（445～518）受業於當時被稱為「一時名匠，為律學之宗」的法穎，後齊竟陵文宣王每請講律，聽眾常七八百人。永明中奉命到吳試簡五眾，並宣講《十誦》，更申受戒之法，梁武帝及王公朝貴均崇其戒範，凡白黑門徒一萬一千餘人。〔註97〕智稱之弟子有法超，梁武帝敕集《出律要儀》十四卷，通下梁境，並依詳用。〔註98〕至陳代曇瑗、智文均名律師。據《續高僧傳》

〔註94〕明潤《四部律并論要用抄》（敦煌本伯希和二一〇〇、斯坦因二〇五〇，《大正藏》卷八五頁 691）云：「《十誦律》，以秦弘始八年，罽國有三藏法師，名弗若多羅，受持《十誦律》來到長安，共羅什法師翻譯，……此土律興，《十誦》最初。《四分律》，……秦主姚萇以弘始十二年「請罽賓三藏名佛陀耶舍翻出，……律教東流，《四分》第二，《五分律》，有罽賓國三藏法師名木十，將《五分》胡本來到揚州，以晉景平元年十月中，晉侍中琊瑯王馬練共比丘竺道生等請令出之，戒律流行五分第三。《摩訶僧祇律》，………以晉義熙十二年十一月，法顯共三藏佛跋陀翻出，此土律興僧祇第四。」
〔註95〕參見《高僧傳初集》卷第二諸師傳。
〔註96〕《高僧傳初集》卷第二〈晉壽春石㵎寺卑摩羅叉傳〉，頁 43。
〔註97〕參見《高僧傳初集》卷第十三諸師傳。
〔註98〕《高僧傳二集》卷第二十七〈梁揚都天竺寺釋法超傳〉，頁 747。

卷第二十七〈陳揚都光宅寺釋曇瑗傳〉云：

> 宣帝下詔國內，初受戒者，夏未滿五，皆參律肆。可於都邑大寺廣
> 置德場。仍敕瑗公總知監檢，明示科舉。有司準給衣食，勿使經營
> 形累，致虧功績。瑗既蒙恩詔，通誨國僧，四遠被徵，萬里相屬，
> 時搜擢明解詞義者二十餘人，一時敷訓，眾齊三百，於斯時也，京
> 邑屯鬧，行誼相諠，國供豐華，學人無弊。不踰數載，道器大增。
> 其有學成，將還本邑，瑗皆聚徒對問，理事無疑者，方乃遣之。由
> 是律學更新，上聞天聽。〔註99〕

中國君王仿照阿育王的故事，清整並外護佛教。王法與佛法由是相得益彰。
據道宣《續高僧傳》卷第二十七〈陳揚都奉誠寺大律都釋智文傳〉，智文曾與
真諦同止於晉安，生平講《十誦》八十五遍，大小乘《戒心》、《羯摩》等二
十餘遍，著有《律義疏》、《羯摩疏》、《菩薩戒疏》等，僧尼從戒者三千餘人，
以隋開皇十九年寂。

據釋道宣《續高僧傳》卷第二十八、二十九及〈明律論〉所云，北方在元
魏時，所行之律爲僧祇及十誦。孝文帝之世，有法聰律師在平城專弘《四分律》。
既而有道覆依法聰的口授作《四分律疏》六卷，但僅把文字加以科分而已。後
來慧光作《四分律疏》，并刪定羯摩戒本，此學才大盛，而慧光且爲地論宗之元
匠，禪學之名僧。弟子中傳承其律學的有道雲、道暉、洪理及曇雲等。道雲專
弘律部，作疏九卷，弟子道洪，隋時住長安禪定寺，唐初移慈恩寺，後爲律藏
寺上座，門下弘福寺上座智首，下出南山宗祖道宣（596～667）。〔註100〕洪道
（530～608），專學律部，盛弘《四分》，代替了《僧祇》的講傳。洪遵曾受學
道雲、道暉，其弟子洪淵的門下有法礪（59～635），曾受學於靈裕，後爲律學
相部宗之祖。後西太原寺懷素（625～698）創立律學東塔宗。〔註101〕

在根本說一切有部各律中以《十誦律》爲原始，但諸戒本的傳來，以《僧
祇律》爲最早。但漢地比丘受戒羯磨依《四分律》，誦戒一直用僧祇戒本，比
丘尼最初受戒，則依《僧祇律》戒本。待《十誦律》在江淮流行，南方受戒
遵《四分》，行持依《十誦》，至唐中宗時明令禁止，所以自唐中宗以後漢地
佛教僧侶奉行的是《四分律》。道宣在《續高僧傳》卷第二十九〈明律論〉中

〔註99〕《高僧傳二集》卷第二十七〈陳揚都光宅寺釋曇瑗傳〉，頁754。
〔註100〕《高僧傳二集》卷第二十七〈唐京兆西明寺道宣傳〉，頁344。
〔註101〕《高僧傳二集》卷第二十七〈唐京都恒濟寺懷素傳〉，頁353～355。

云，「定慧兩藏理在通明」，而「律宗唯遵佛誨，大小諸聖不妄傳揚」，「良由
教限內眾軌躅常儀」。〔註102〕道宣深明定、慧兩學的特質，因其為律師，所重
在「依教修心禪」，乃推崇僧稠、慧思與智顗。其在《續高僧傳》卷第二十六
〈習禪論〉中，批評達摩禪「妄傳風教、同纏俗染、混輕儀跡」、「排小捨大、
獨建一家、攝濟住持、居然乖僻。」〔註103〕且云：

> 復有相述同好，聚結山門，持犯蒙然，動掛形網。運斤揮刃，無避
> 種生，炊爨飲噉，寧漸宿觸。或有立性剛猛，志尚下流，善友莫尋，
> 正經罕讀，瞥聞一句，即謂司南。昌言五住久傾，十地將滿，法性
> 早見，佛智已明。此並約境住心，妄言澄淨，還緣心住，附相轉心，
> 不覺心移。故懷虛託，生心念佛，豈得會真。故經陳心相，飄鼓不
> 停，蛇舌燈燄，住山流水，念念生滅，變變常新。不識亂念，翻懷
> 見網，相命禪宗，未閑禪字。如斯般葷，其量甚多，致使講徒例輕
> 此類，故世諺曰：「無知之叟。」義指禪師，亂識之夫。共歸明德，
> 返迷皆有大照，隨妄普翳真科。不思此言，互談名實。考夫定慧之
> 務，諒在觀門，諸論所陳，良為明證。〔註104〕

可見在慧能（638～713）未出世之前的唐初，所推崇的是依戒與慧而修的觀
門，也就是「依教修心禪」。據道宣《續高僧傳》卷第二十一〈隋南嶽衡山釋
慧思傳〉云，慧思（515～577）住南嶽十年，其感慨南地佛教界偏重義學，
輕視禪法，乃定慧雙開，晝談理義，夜便思擇。故所發言無非致遠，便驗因
定發慧，此旨不虛，因此南北禪宗罕不承緒。〔註105〕實相禪法，因僧稠以及
慧思、智者師弟傳習，到隋朝蔚為風尚，致使達摩南天竺一乘宗的禪法，到
中唐釋道宣撰《續高僧撰》之時，仍被稱為「妄傳風教」。禪門自百丈懷海創
叢林始，禪門中人在寺院須依規式行事，甚至有唱教、律、禪一體的禪師，
如馬祖道一門下興善惟寬，〔註106〕而石頭希遷則曰：「自性清淨，謂之戒體。」
〔註107〕至法眼宗的永明延壽著《萬善同歸集》，破斥末代宗門之輕戒，強調戒

〔註102〕《高僧傳二集》卷第二十九〈明律論〉，頁809。
〔註103〕《高僧傳二集》卷第二十六〈習禪論〉，頁740。
〔註104〕《高僧傳二集》卷第二十六〈習禪論〉，頁743。
〔註105〕《高僧傳二集》卷第二十一「隋南嶽衡山釋慧思傳」，頁568～569。
〔註106〕《五燈會元》卷第三〈京兆興善寺惟寬禪師傳〉云：「白居易嘗問曰：『既曰
　　　　禪師，何以說法？』師曰：『無上菩提者，披於身為律，說於口為法，行於心
　　　　為禪。應用者三，其致一也。……律即是法，法不離禪，云何於中妄起分別。』」
〔註107〕《祖堂集》卷第四「石頭和尚傳」，頁74下。

爲萬善之基，若不守戒，諸善功德皆不得生，雖山居苦行食果服藥，與禽獸無異，勸禪門智者宜暫思之。〔註108〕

（七）淨土師

以「正覺」爲普遍目的之大乘佛教，其理論的歸結是認爲有三世十方諸佛的存在。依此，佛教信仰則有講求對諸佛的崇拜與仰仗諸佛的救齊，以爲十方諸佛各有其固定的佛國土，此淨土與娑婆世界相異。「正覺」被往生淨土所取代了。淨土思想的表現，先有往生彌勒現居之兜率天的說法，不久十方現在佛與往生其佛國土之說漸形有力。其中較有名的，是東方阿閦佛的妙喜國與西方阿彌陀佛的極樂世界，尤其後者與其經典的整理，在中國劉宋以後，逐漸普及民間，成爲根深蒂固的信仰。〔註109〕淨土崇拜，造彌勒像，念佛往生者，遍於各地。〔註110〕

淨土崇拜之外，另有淨土念佛者。阿彌陀佛崇拜的念佛與觀佛，以念佛禪定（三昧）爲主，禮拜附之，因禪定力，得見諸佛，得生安樂土。但人要到彼崇重生，首須救度他人，有此菩薩行，自己也得救拔。哈密爾頓在〈大乘佛教的慈悲觀〉文中說：「在大乘，涅槃已不是修行的目標，得解脫同時就是眾生救拔的意義，而解脫已被同視作祈願眾生濟度的無我無色，且最高的爲他之獻身實踐。」〔註111〕這說明大乘佛教要達到正覺，就必要兼備理論的洞察與宗教的信仰。至若彌陀淨土，則鬱爲淨土正宗。

被後世追奉爲淨土宗初祖的慧遠（334～416），據道宣《續高僧傳》卷第

〔註108〕釋延壽《萬善同歸集》卷上云：「夫戒爲萬善之基，出必由戶，若無此戒，諸善功德皆不得生。……又如今末代宗門中，學大乘人多輕戒律，稱是執持小行，失之戒急。所以《大涅槃經》佛臨涅槃時，扶律談常，則乘戒俱急，故號此經，爲贖常住命之重寶。何以故？若無此教，但口解脫全不修行，則乘戒俱失。故經云：『尸羅不清淨，三昧不現前。』從定發慧，因事顯理。若闕三昧，慧何由成？是之因戒得定，因定得慧。故云：『贖常命之重寶。』何得滅佛壽命、壞正律儀？爲和合海內之死尸，作長者園中之毒樹，眾聖所責，諸天所訶，善神不親，惡鬼削跡。居國王之地，生作賊身；處閻羅之鄉，死爲獄卒。諸有智者，宜暫思焉。」（《大正藏》第四十八卷諸宗部五，頁965）

〔註109〕佐佐木教悟等著、釋達和譯《印度佛教史概說》（佛光出版社，民國66年10月初版），頁76。

〔註110〕參見《往生西方淨土瑞應傳》、戒珠《淨土往生傳》及袾宏《往生集》，《大正藏》卷五一頁104～154。

〔註111〕Hamiloon, Clarence H., "The Idea of Compassion in Mahayana Buddhism," J.A.O.S., Vol 70 , No.3（July Sept, 1950），P.150.

六所載，其隱居廬山三十餘年，率眾行道，然影不出山，跡不入市，平時經行，送客常以虎溪爲界。在中國，彌勒淨土念佛，在釋道安以後，殊少所聞。惟隋唐諸師如吉藏、道綽、迦才常論其與彌陀派之優劣，可見信仰未絕。梁寶亮、北齊靈裕均於彌勒經有研究。其慧遠以罪福報應導俗和以禪觀念佛入眞的見解，對後世影響深遠。廬山慧遠以後，南齊法琳常誦《無量壽經》及《觀經》，北方之慧光道憑均發願生西方，靈裕與淨影慧遠曾作經疏。念佛法門，原是用觀想功夫，到了曇鸞以後就側重稱名，形成淨土一宗。

曇鸞其起初對四論及佛性論有研究，受菩提流支啓發專弘淨土。初住并州大岩寺，晚住汾州北山石壁玄中寺，聚徒行化。菩提流支曾譯出世親的《無量經優婆提舍願生偈》（通稱《往生論》）一卷，又曾以《觀無量壽經》授曇鸞，稱爲能解脫生死的大仙丹。〔註112〕曇鸞的淨土思想，完全表現在其所著《往生論注》中。在論注的卷頭即引龍樹菩薩《十住毗婆沙論》，說明菩薩欲求阿毗跋致（即不退轉法）有難行、易行二道。根據曇鸞的看法，在這個「五濁惡世，無佛之時」的現實世界中，求阿毗跋致，實有種種障礙，故名爲難行道。但以信佛因緣願生淨土，由佛力住持入於大乘正定之聚，則稱爲易行道。也就是說，在無佛之世唯是「自力」無「他力」時，難得阿毗跋致，譬如陸路步行則苦，名爲難行道；反之，乘著佛的本願力往生淨土，即依「他力」而得阿毗跋致，譬如水陸乘船則樂，名爲易行道。曇鸞強調依佛本願力，其思想根源於《無量壽經》。他在《往生論注》卷下說明阿彌陀佛本願力的殊勝和修五念門以自利利他，可以速得成就阿耨多羅三藐三菩提，其要點在以彌陀如來爲增上緣。以彌陀如來四十八願中的第十一「正定聚之願」、第十八「念佛往生願」、第二十一「必至補處之願」，發揮了彌陀淨土教義的蘊奧，對大乘佛陀觀的發展有很大貢獻。〔註113〕藤堂恭俊在〈華北異民族統治下的佛教〉超越屬於世襲系列的佛陀觀一文中說：

> 曇鸞特別強調這種大願力，因此，無量壽佛就決不是可由過去佛、現在佛以及未來佛等世襲系列所能解釋的佛陀，而透過過去、現在、未來之世，不斷的運用影響力的永遠佛陀，且是不斷地幫助苦悶眾生，以慈悲爲懷的佛陀。這樣的無量壽佛出現後，過去對釋迦和彌勒感覺無緣的人，也就能夠舒展愁眉，沐浴於佛的慈悲之味中，全

〔註112〕《高僧傳二集》卷第七〈魏西河石壁谷玄中寺釋曇鸞傳〉，頁182～185。
〔註113〕參見林了青〈曇鸞傳〉，《中國佛教總論（二）人物與儀軌》，頁84。

其佛道了。〔註114〕

曇鸞在佛教史上的功業是斐然的，他把當時受道教影響盛行祈願長生不死、受惑業所苦的眾生，引入能平等無漏地獲得安樂大清淨之處。此外，念佛禪定，得生安樂土，終屬少數利根行人，經曇鸞的弘化，救度思想更是普及眾生。淨土師原專重口念之業，惟口念之說雖不爲曇鸞所注重，然實亦得其提倡，而漸至爲淨土者之專業。曇鸞的《略論安樂淨土義》中有論下業人之十念曰：

> 又宜同志，三五共結言要，垂命終時，迭相開曉，爲稱阿彌陀佛，
> 願生安樂，聲聲相次，使成十念也。譬如臘印印泥，印壞文成。此
> 命斷時，即是生安樂時。〔註115〕

曇鸞之大行其道，與口宣佛號之所以漸盛行，亦於世風使之然。眞正祖述曇鸞的教學，并將淨土宗的發展作出貢獻，被稱爲善導淨土教先驅的當推道綽（562～645）。在曇鸞以後至道綽之間，據《佛祖統記》卷二十七記載，往生高僧有二十二人，這些人和曇鸞無直接關係。道綽的《安樂集》卷下所舉，中國淨土教六大德中，有大海和法上，但並未肯定他們和曇鸞的傳承。然日本聖聰《淨土之國佛祖集》卷上說，大海是玄中寺鸞公的嗣法弟子，法上又是大海的嗣法弟子。大海（？～609），少年聽受《涅槃》、《楞伽》及大乘《毗曇》等，北周靜帝大象二年（580），在江都儀濤浦創立安樂寺，常以淨土爲期，並模寫無量佛像。法上有關淨土法門的事跡不詳，其弟子慧遠著有《無量壽》、《觀無量壽》的義疏各二卷，再傳弟子靈裕也著有《觀無量經》及《往生論》等的疏記。〔註116〕

在南北師說中，不管在佛性思想或者是修行方面，與禪宗最大差異的則爲淨土宗。而兩宗之差別，最後可歸結到「唯心淨土」與「西方淨土」說之不同。據賴永海《中國佛性論》〈自力與他力〉文中說：

> 禪宗唱即心即佛，心外無別佛，「唯心淨土」是其思想發展的合乎邏
> 輯的結果。淨土宗人對此種說法很不以爲然，認爲「唯心淨土」的
> 說法，是把眞俗混爲一談。依淨土宗人看來，六祖之否定西方，乃
> 是依常住眞心立說，不是約俗諦言。就眞不礙俗說，佛國在心，不

〔註114〕藤堂恭俊著、余萬居譯《中國佛教史》（上），頁 155～156。（華宇出版社印行，民國 74 年 6 月初版）

〔註115〕《大正藏》第四十七卷〈諸宗部四〉，頁 3 下。

〔註116〕有關曇鸞一系的傳承。參見林了青〈曇鸞傳〉，《中國佛教總論（二）人物與儀軌》，頁 85。

妙十方淨土宛然。他們認爲，對於內證工夫很深的利根之人，說佛
國在心自無不可，但是對廣大凡俗眾生，不可妄唱「淨土唯心」、「自
性彌陀」之高調，而應把西方淨土作爲追求的目標，只要能進此極
樂世界，成佛指日可待。因此，淨土宗以勸人往生西方樂土爲一宗
思想之歸趣。〔註117〕

初期的禪宗中人，大抵仍係上層有學養的知識分子，所以所好仍是追求義學
與修持的最上法門。然佛教戒、定、慧三學之難修，爲眾所周知，淨土宗人
就依此高唱「念佛」乃易行道，期使更多世俗歸向西方極樂。其以信、願、
行爲宗本去廣接群品，實非禪門從注重心性之悟解所能及。兩宗分流，加速
了佛教中國化，待到後來禪門五家之一的法眼宗時出永明延壽，參禪之外又
修淨業，著《萬善同歸集》六卷勸人持戒而定而慧，并發菩提心以成佛道。
其所作「四料簡」，強調禪、淨雙修，勸人高聲念佛和強調臨終十念往生之說。
禪、淨兩宗由分而合。法眼宗師永明延壽且被《佛祖統記》列爲蓮社六祖，
但法眼宗也因氣勢弘大乏人爲繼，法運旋被諸宗所消融。

（八）楞伽師資

　　楞伽宗託始於菩提達摩。達摩乃南天竺婆羅門族，志存大乘眞心於虛寂
定學，於劉宋晚年（約 470～475）由海道經南越，輾轉至北魏，隨其所止誨
以禪教，於時合國盛宏講授，乍聞定法多生譏謗。常以求那跋陀羅三藏所譯
的四卷《楞伽》授學者，以東魏天平年（534～537）前滅化洛濱。〔註118〕達
摩的禪法，據敦煌文獻推論，古來作爲達摩學說而傳的許多著述之中，只有
「二入四行說」可認爲是達摩的親說。〔註119〕關於此二入四行，釋印順在〈宋

〔註117〕賴永海《中國佛性論》〈唯心淨土與西方淨土〉，頁 416。
〔註118〕《高僧傳二集》卷十九，頁 518。（台灣印經處印行，民國 59 年 9 月二版）
　　　　有關達摩東來，在梁普通年中（520～527）見梁武帝一事，《胡適文存三集》
　　　　〈菩提達摩考〉一文已証其爲後起的神話。並非實情。記載這個傳說的最古
　　　　文獻是敦煌出土的佚名《歷代法寶記》和唐宗密《圓覺經大疏鈔》卷二之上，
　　　　後來《碧岩錄》把它作爲第一則〈頌古〉流傳，成爲禪門眾所周知的公案。
〔註119〕無礙〈達摩大師的二入四行觀與安心法門〉（大乘文化出版社，民國 66 年 10
　　　　月初版），《禪宗典籍研究》，頁 2。林子青在〈菩提達摩〉一文中云：「現在
　　　　一般作爲達摩學說的有《少室六門集》上下二卷，即：心經頌、破相論（一
　　　　名觀心論）、二種入、安心法門、悟性論、血脈論六種。還有敦煌出土的《達
　　　　摩和尚絕觀論》、《釋菩提達摩無心論》、《南天竺菩提達摩禪師觀要》（一名《大
　　　　乘法論》）等，以及朝鮮梵魚寺所刻《禪門攝要》上下二卷，日本鈴本大拙校
　　　　刊《少室逸書》所收關於達摩諸論文。這些著述內容大致都差不多。」（《中

譯楞伽與達磨禪〉一文中云：

> 二入中的理入，是從禪思去證入真理。如《續僧傳》説：「藉教悟宗，
> 深信含生同一真性，客塵障故，令捨妄歸真。凝住壁觀，無自無他，
> 凡聖等一，堅住不移，不隨他教，與道冥符，寂然無爲，名理入也」。
> 此理，又説爲「性淨之理」。從藉教悟宗，到捨妄歸真，是從聞思（不
> 一定研究經教，從師長開示解了，也是聞思）去悟解佛法的宗要。
> 然後凝住壁觀，從禪觀去體證本淨的真性。這與一切大乘禪觀的不
> 離言教，並無差別。〔註 120〕

「理入」是從禪思禪觀去體證本淨的真性，不依他教，不以唯心爲悟處。所以
《楞伽經》卷二云：「如實處見一切法者，謂超自心現量。」而「行入」乃指日
常的道行，它括報怨行、隨緣行、無所求行，稱法行。釋道宣《續高僧傳》云：

> 行入四行，萬行同攝。初，報怨行者。修道苦至當念住劫，捨本逐
> 末，多起愛憎；今雖無犯是我宿作，甘心受之都無怨訴。經云：「逢
> 苦不憂，識達故也。」此心生時與道無違，體怨進道故也。二、隨
> 緣行者。眾生無我苦樂隨緣，縱得榮譽等事，宿因所構，今方得之，
> 緣盡還無，何喜之有？得失隨緣，心無增減，違順風靜，冥順於法
> 也。三名無所求行。世人長迷，處處貪著，名之爲求；道土悟真，
> 理與俗反，安心無爲，形隨運轉；三界皆芳，誰而得安？經曰：「有
> 求皆苦，無求乃樂也。」名稱法行，即性淨之理也。〔註 121〕

同一真性被妄想塵垢所覆，因業緣形成眾生世界。如無見此同一性，就會拘
泥於眾生的差別性，懷抱怨懟之念，長墮迷惘。行者若能於行業時，細自體
察，斷愛憎，泯苦樂，息貪求，無爲任運，則性淨之理，自然流露，修行六
度，而無行處。達摩的「二入四行說」影響後世禪宗的發展極爲深遠，不僅
爲楞伽師所遵守，就是以後禪宗代興，一反楞伽師說，但基本精神並未超出
這一綱領的範圍，特別是南禪宗南嶽一系勢盛之時，尤見其然。無礙在〈達
摩大師的二入四行觀與安心法門〉一文中云：

> 結局「修行六度，而無行處」。行而不行，這是「理行二入」的宗旨，
> 即是達摩的西來意。臨濟禪師曰：「自達摩大師從西土來，只是覓個

國佛教總論（二）人物與儀軌》，頁 73）
〔註 120〕《禪宗典籍研究》，頁 24。
〔註 121〕《高僧傳二集》卷第十五，頁 518～519。

不受人惑底人」。不受人惑的人，是不惑於業緣的現實。………而且
禪者不以概念來理解，即是所謂「於事上得解，於事中見法」。達摩
大師的理行二入說，若仔細加以點檢，自他以後所展開的禪思想的
大意悉包含在此內。………達摩是以達摩式，臨濟以臨濟式，德山
以德山式，各用其表現法。由文字上看來，可能被惑，但，其意之
所在是「把得便用」、「無嫌底法」、達摩大師的「與理冥符」、「冥順
於道」、「信解此理」、「與理相應」、「悟眞」、「歸眞」、「眞爲道行」
等言，都是徹於人空、法空、俱空的三空。〔註122〕

達摩的弟子知名者有僧副、慧可、道育、曇林等人，以慧可爲上首。據《續
高僧傳》說，達摩以四卷本《楞伽經》授慧可說：「我觀漢地，唯有此經，仁
者依行，自得度世。」慧可對此經「專附玄理」，自由發揮。後慧可門徒也隨
身攜帶此經以學心要，遊行村落，不入城邑，行頭陀行，隨說隨行，不爽遺
委。他們對於《楞伽經》的共同認識是：在翻譯上，文理克諧，行質相貫；
在思想上，專唯念慧，不在話言；禪法的宗旨是，忘言、忘念、無得正觀，
貴領宗得意，絕不拘守於文字。他們的傳授著重口說悟得，不重文記，如此
獨成一派，被稱爲楞伽師。《續高僧傳》〈法沖傳〉中詳說《楞伽經》的歷史
和楞伽宗的師承，其云：

其經本是宋代求那跋陀羅三藏翻，慧觀法師筆受，故其文理克諧，
行質相貫，專唯念惠，不在話言。於後達摩禪師傳之南北，忘言、
忘念、無得、正觀爲宗。後行中原，惠可禪師創得綱紐，魏境文學
多不齒之，領宗得意者，時能啓悟。今以人代轉遠，紕繆後學。可
公別傳，略以詳之。今敍師承以爲承嗣，所學歷然有據。達磨禪師
後，有惠可、惠育二人，育師受道心行，口未曾說。可禪師後，粲
禪師、惠禪師、盛禪師、那老師、端禪師、長藏師、眞法師、玉法
師。（已上並口說玄理不出文記）可師後，善師（出抄四卷）、豐禪
師（出疏五卷）、明禪師（出疏五卷）、胡明師（出師五卷）。遠承可
師後，大聰師（出疏五卷）、道蔭師（抄四卷）、沖法師（疏五卷）、
岸法師（疏五卷）、寵法師（疏八卷）、大明師（疏十卷）。不承可師
自依《攝論》者，遷禪師（出疏四卷）、尚德律師（出《入楞伽疏》
十卷）。那老師後，實禪師、惠禪師、曠法師、宏智師（名住京師西

明，身亡法絕）。明禪師後，伽法師、寶瑜師、道瑩師（並次第傳燈，
於今揚化）。沖公自從經術，專以楞伽命家，前後敷宏將二百遍，須
便爲引，曾未涉文，而通變適緣，寄勢陶誘，得意如一，隨言便異。
師學者苦請出義，乃告曰：義者道理也？言說已麤矣，況舒在紙，
麤中之麤矣。事不獲已，爲疏五卷，題爲私記，今盛行之。〔註123〕

可師後的明禪師，也許是苞山明法師，其先從慧可，後到南方成了攝山一派
三論宗大師興星法朗的遺屬。〔註124〕法沖傳裡說其求明法師弟子安州慧嵩法
師處，聽《大品》、《三論》、《楞伽》。那位「不承可師，自依攝論」的遷禪師，
即是曇遷，後到北方開創《攝論》，兼講《楞伽》等經、《起信》等論，隋文
帝的大興佛教，遍地起舍利塔，其是主謀。餘人中，最可注意的是粲禪師，
續僧傳不爲立傳，所依據僅法沖傳及辯義中所云數語。後來的傳說都說：慧
可傳僧粲，僧粲傳道信，道信傳弘忍，是爲蘄州黃梅雙峰山的東山法門。道
信又傳法融，是爲牛頭山支派。弘忍下智詵，是成都淨眾寺和保唐寺兩派的
開山祖師。弘忍下慧能，爲曹溪南宗祖師，其門下神會和尚，推翻了神秀一
宗的法統。胡適在〈楞伽宗考〉一文中說：

在續僧傳裏，僧粲承慧可之後是見於法沖傳的，僧粲與道信的關
係卻沒有明說。道信與法融的關係也沒有提起。……又如道信臨
終無所付囑，這也是「付法傳衣」的神話起來之前的信史，可證
此派原來沒有「付法傳衣」的制度。……《敦煌本楞伽師資記》
成於八世紀的前半，其中弘忍一傳全採玄賾的《楞伽人法志》，時
代更早，比較的是最可信的史料。……當玄賾著《人法志》的時
候（約成於708年，弘忍已死三十四年，神秀已死二年），曹溪、
淨眾、保唐三派都還不曾大露頭角，法統之爭還不曾開始，……
當八世紀之初，楞伽宗的大師神秀在北方受帝王和民間的絕大崇
敬的時候，楞伽宗的玄賾在他《楞伽人法志》裡，正式記載韶州
慧能是弘忍的十一個大弟子之一。但我們同時也可以承認：在那
時候，並沒有袈裟傳信的法統說，也沒有神秀與慧能作偈明心，
而弘忍半夜傳衣法與慧能之說。〔註125〕

〔註123〕《高僧傳二集》卷第十九，頁521。
〔註124〕湯用彤《漢魏兩晉南北朝佛教史》下冊，頁265。
〔註125〕《胡適作品集》第十六〈神會和尚傳〉〈楞伽宗考〉，頁77。

道信禪師（？～606）以後，楞伽師的傳承是道信、弘忍兩代，到此不像前之行頭陀行，遊行村落，他們「定住山林」，「徒眾日多」。到了唐代，弘忍（601～674）傳法神秀（606～706），蔚成大宗，並與帝王接近，勢力極盛，開元六年，弘忍的再傳弟子淨覺（688～746），依其師玄賾的《楞伽人法志》所說作《楞伽師資記》，說明了楞伽一系的傳承，從傳法系統上論証神秀一系北宗，才是禪宗正統，以此與南宗對抗。

　　據《續高僧傳》〈法沖傳〉所云，可師之後，不承可師者除外，有疏及抄十部五十餘卷，計前後不及百年，見於記載者已如是之多。續僧傳〈慧可傳〉中云，每可說法竟，曰：「此經四世之後變成名相，一何可悲！」〔註126〕或懸記其後裔之爲《楞伽經》作疏者，成爲講說之徒。慧可的再傳弟子慧滿，每說法云：「諸佛說心，令知心相是虛妄法，今乃重加心相，深違佛意又增論議，殊乖大理。」〔註127〕道宣在《續高僧傳》〈習禪篇〉論達磨後裔時曰：「在世學流，歸仰如市，然而誦語難窮，屬精蓋少。」〔註128〕法沖約生於隋開皇六年（586），道宣作傳時尚存，《續高僧傳》云其，「以《楞伽》奧典沈淪日久，所在追訪無憚夷險，會可師後裔盛習此經，即依師學。屢擊大節，便捨徒眾，任沖轉教，即相續講經三十餘通。又遇可師親授者，依南天竺一乘宗之，又得百遍。」〔註129〕楞伽諸師至唐初，已多偏於細析經文，執著名相，而少能於坐禪修心精進不懈，湯用彤在〈北方之禪法、淨土與戒律〉一文中，談到楞伽師資的傳習時云：

　　　達磨禪法得廣播南方，未始非已有三論之流行爲之先容也。且般若經典由於攝山諸師，而盛行於南方。禪宗在弘忍之後，轉崇《金剛般若》，亦因其受南方風氣之影響也。再者達磨原以《楞伽經》能顯示無相之虛宗，故以授學者。其後此宗禪師亦依此典說法。然世人能得意者少，滯文者多。是以此宗後裔每失無相之本意，而復於心上著相。至四世之後，此經遂亦變成名相。於是哲人之慧一變而爲經師之學，因而去達磨之宗愈遠。《金剛般若》者言簡意深，意深者謂其賅括虛宗之妙旨，言簡者則解釋自由而可不拘於文字。故大鑒

〔註126〕《高僧傳二集》卷第十九，頁522。
〔註127〕前引書卷第十九，頁522～523。
〔註128〕前引書卷二十六，頁740。
〔註129〕前引書卷第三十五，頁988。

禪師捨《楞伽》而取《金剛》，亦是學問演進之自然趨勢。由此言之，
則六祖謂爲革命，亦可稱爲中興。革命者只在其指斥北宗經師名相
之學。而中興者上追達磨，力求「領宗得意」，而發揚「南天竺一乘
宗」本來之精神。〔註130〕

雖然楞伽師資所衍生出來的北宗禪，遭大鑒慧能所破斥，然此菩提達磨系統，
卻成爲後代禪宗之基礎。宇井伯壽在〈禪與淨土〉一文中，對達磨的禪法與
楞伽師資有深層的見解，其云：

二入是理入和行入，此二入是於《金剛三昧經》才最初說的。……
理入是頓悟，行入可謂是相當於漸悟，而且以前者爲主，故見入與
稱法行時，理與法乃歸結於以心傳心，是明瞭的事，壁觀的安心，
表現的很清楚。只是行的方面，與後代並不一定是相同而已。達磨
似乎決不惟是重視著《金剛般若》，既然引用有《維摩經》，並且以
《楞伽經》爲教法上之方便。《楞伽經》不惟是有二入四行之主旨，
而且有「不立文字，一定不說」之言詞，並說有「愚夫所行禪」、「觀
察義禪」、「攀緣如禪」和「如來禪」之分別。因之，由此而發生後
代楞伽之系統，然而，楞伽系統也只是楞伽的系統，決不是它本身
就是達磨的禪宗系統。〔註131〕

「二行四入」顯然受到當時流行的大乘經典的影響，孤峰智璨在《中印禪宗
史》〈達磨大師之禪風〉文中，則謂達磨與二祖慧可不可說全無三論性空思想，
然楞伽師資在慧能之前，可分爲緣起教系與實相教系。其云：

大師所謂二種入，是理、行一致之理。理是入禪之味，自他一味，
凡聖等一，寂靜無爲，與道冥合之謂。行入是任運自然，與法無求
之謂。僅以上之說不能認爲是別有特色之禪風。又如理入之深信含
生同一眞性，客塵障故，令捨偽歸眞，同於起信論所說。……若依
藉教悟宗之文看，似乎不限於教外別傳，不立文字。但是因藉教悟
宗，而否定不立文字，教外別傳之宣言，亦不妥當的。可是此二種
入中，並無梁武帝與大師、大師與二祖慧可之問答（此兩則公案，
乃禪宗成立後附會之說）中顯示般若三論思想。是故大師之禪風與

〔註130〕《漢魏兩晉南北朝佛教史》下冊，頁270～271。
〔註131〕宇井伯壽著、李世傑譯《中國佛教史》（協志工業叢書出版股份有限公司出版，
59年6月初版），頁79～80。

三祖至五祖弘忍之禪風大相逕庭。即前者是起信論系，後者是三論系。前者屬緣起論的，後者屬實相論的。此等思想從達摩之二入、三祖之「信心」中可以窺知。〔註132〕

孤峰智璨在〈達磨大師之教系〉一文中，強調達摩教系屬於緣起論的起信論之系統，此可由《楞伽經》再次得到證明，此教系至三祖即開始轉變，至六祖慧能持《金剛經》盛行於世，而楞伽遂無傳。其云：

從前章二入之思想觀察，達磨教系屬於緣起論的《起信論》之系統，不是實相論的三論系統。這從彼以四卷《楞伽經》傳於二祖之事實中略可得到證明。……《楞伽經》中主要說明如來藏緣起；也有近乎實相論之說和禪定說明，大體說是屬於緣起論的。特別是《起信論》根據《楞伽經》而建立，《起信論》之真如緣起全部基於《楞伽經》思想而展開的。故大師以《楞伽經》作爲心要授於二祖。且（少室六門）二種入和《破相論》中有《起信論》中之口吻可說是必然的。由此判定達磨教系屬於真如緣起論者。但此系傳到三祖即開始演變，至六祖時全無此痕跡矣。此是時代思潮，以及修行者之風氣所使然。〔註133〕

考察達磨之教系，二祖將《楞伽》授與三祖，三祖授與四祖之事，史傳未有記載。甚至三祖、四祖等傳記根本就不大明確。〔註134〕但在《續高僧傳》與《景德傳燈錄》中，記載著二祖將《楞伽經》授與其徒僧那，僧那又將此經授與慧滿之事。〔註135〕道宣在爲慧可作傳時，寫著此宗系：「道竟幽而且玄，故末緒卒無榮嗣。」並說可說法竟，曰：「此經四世之後，變成名相，一何可悲！」〔註136〕在法沖傳中，則云：「《楞伽》奧典，沉淪日久。」其入長安，弘福潤法師問何爲遠至，答曰：「聞此少一乘；欲宣一乘教綱，漉信信地魚龍，故至。」潤曰：「斯實大心開士也。」〔註137〕這是何等的氣慨。但達磨之教系至三祖乃至五祖已實有大的轉變，五祖始易以《金剛經》傳授，南禪宗的興起，漸使楞伽系趨於沒落。今附兩教系表如下：

〔註132〕孤峰智璨著、釋印海譯《中印禪宗史》，頁106。
〔註133〕前引書，頁107～108。
〔註134〕《胡適作品集》十六〈神會和尚傳〉，頁78～84。
〔註135〕《高僧傳二集》卷第十九，頁522～523。《景德傳燈錄》卷第三〈僧那禪師傳〉、〈相州隆化寺慧滿禪師傳入〉（中文出版社印行，1984年5月），頁24。
〔註136〕《高僧傳二集》卷第十九，頁520～522。
〔註137〕前引書卷三十五，頁988～990。

附表一：達摩的教系

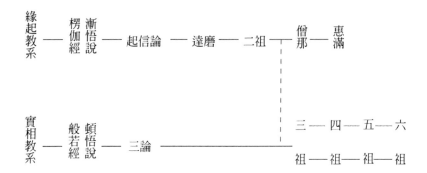

以上虛線表示眞如緣起系之楞伽、起信系統。實線表示諸法皆空之實相系，般若三論系統。〔註138〕

佛教特重因緣時節，達摩禪師能夠漸次廣被傳中土，除諸師戮力行化外，亦機緣已熟使然。宋人李正民在〈法喜寺政十方記〉中云：

> 西竺之教，流於震旦，其來尚矣。摩騰、法蘭傳其經，曇摩迦羅演其律。羅什而降，翻譯滋多，然後半滿之字、華竺之言，溢于簡冊，儲于寶藏；緇褐之流，誦其文，講其義，可謂萬善之源府，總持之林苑也。然善現談無得之宗，毗邪；明不二之旨，于一法中闡無量義學者，能目教以明心者，鮮焉。機機已熟，達摩西來，眞指心源，不立文字。〔註139〕

宋人對達摩東來傳南天竺一乘宗，使華人知西方的殊勝法門，深致敬意。鮑義叔在〈嘉興縣眞如寶塔記〉中云：「中土自摩騰、竺法蘭以經來，華人固知有經也，菩提達摩以法來，華人固知有法也。」〔註140〕其後宗門禪教之施設妙用無窮，陳舜俞在〈松江府海惠院經藏記〉中云：

> 教之以法爲重，以布施爲輅，以禪定爲軨，以忍辱爲轂，以持載爲轄，以勇猛精進爲輻，以般若爲輪，度脫諸險不墮生死，始予自載終于載人。故此經之輪不爲無意也，況夫我爲法輪致遠由己，有相雖外，發心必內，心輪輪躴，心止輪握。舉眞如之性海，一指而通

〔註138〕《中印禪宗史》，頁108。
〔註139〕徐碩《至元嘉禾志》卷二十三（《宋元地方志叢書》第十二冊，大化書局出版，民國76年10月二版），頁8～9。
〔註140〕前引書卷二十二，頁5。

畫塵沙之法門。有念斯足，須彌常納于芥子，滄海入于毫端。其體
道之樞機，利物之關鍵，作之者可謂妙用，施之者不謂無窮之利乎。
〔註141〕

學佛之人，尤其是禪門中人，貴在領宗得意，心不著相，所立文字，假名權
實。陳林在〈青龍鎮隆平寺經藏記〉有云：

> 始如來以一大事因緣，出見于於世，曲徇根器，巧說譬喻，最後乃
> 云：四十九年未嘗以一字與人。而祕密法藏，獨于靈山拈花之時，
> 則知無說無示者，是直說法，無聞無得者，是真聽法。所立文字，
> 假名權實，是以尊者迦葉之集四筐，大智文殊之結八藏，近傳五竺，
> 遠被八荒。其感應顯異，則有若士術投火而不焦，賊徒盜葉而不舉，
> 其功德博大。若則有聞一偈而入佛初地，持一經而生天七返，蓋經
> 典所在，則為有佛，書之虛空，天蓋上衝，況嚴持奉事如此之至哉。
> 〔註142〕

慧可四世之後楞伽師資傳授，變成名相之學，而禪法由「自性清淨，自身是
佛，明見佛性，豁然自覺」，到北宗神秀門下的「凝心入定、住心看淨、起心
外照、攝心內証」的觀行，〔註143〕被倡導「心境泯然」說，主張「從於自心
頓現真本性」的慧能教下神會和尚所破斥。

　　總之，自魏晉之世，印度小乘教已衰微，而大乘教法方興，故當時佛法輸
入，以大乘經典為主，即以「性宗」當先，「相宗」次之。自劉宋以下，南方由
竺道生一系頓悟之學，衍為《涅槃》、《毗曇》之論，另有《華嚴》、《成實》之
學，皆以「性宗」為主流。而北方由淨土、戒律而十地，係以「相宗」為主流。
〔註144〕

　　從南北朝到隋唐五代，是中國佛教走向獨立發展與鼎盛時期。在這個時
期，隨著佛經的大量譯出，中國僧侶紛紛傾心於佛教義理的探究，并摻雜著
自己的見解，創建不同的理論體系，中土著述由之豐富。南北朝時，經論講
習的風氣大盛，前此僧人以清談玄理見長，現在則以能講經知名。由於講習
經論的不同，形成了諸多學派，而有南北師說。後地論歸宗于華嚴，毗曇、

〔註141〕前引書卷十九，頁 10。
〔註142〕前引書卷十九，頁 13。
〔註143〕胡適校定的神會《菩提達摩南宗定是非論》，《大藏經補編》第二十五冊，頁
　　　　67。
〔註144〕黃公偉《中國佛教思想傳統史》，頁 67。

攝論、俱舍流入法相，成實、般若分入三論、天臺與禪宗。當時佛教界，對
涅槃佛性義、眞俗二諦義等佛學的基本理論，進行過激烈的爭辯。這種爭辯，
最後表現爲傳法定祖的問題，學派遂逐漸有了教派的性質。而義理的紛爭下，
中土也出現了判釋佛說經教的「判教」。依《涅槃經》說，小乘爲「半字教」，
而大乘爲「圓字教」，六朝佛教已有捨半取圓的趨向。對佛教宗派的形成，尤
其是大乘佛教的發展影響極大。當時依空、有而分，有大乘八宗，就中以禪
宗爲獨特，而此大乘八宗在觀、行上有別，而禪宗對當時教界則注入了新的
生命力。據黃公偉《中國佛教思想傳統史》〈隋唐佛教宗派之創立〉文中云：

> 從南北朝到隋唐，宗派思想已匯爲中國文化的主流。……何謂「宗
> 教」？依佛法言，「明心見性」曰「宗」，言及一切經義即是「教」。
> 宗者，表示其一貫之旨趣，教者示人以歸依之規範。佛法宗派，
> 淵自印度。……就「空」、「有」二宗以言，不重「經」教，專言
> 心性修證，依心性起觀行，依宗奉行以證眞如，如淨土、眞言、
> 律宗（有門）、禪宗（空門）謂之「宗下」。反之，性、相兼說，
> 依教奉行一切經義，如成實、三論（空門）擅言「實相」，俱舍、
> 法相、華嚴（有門）基於緣起，依文字起觀行，以證實相。故天
> 台、華嚴、法相又稱「教下」三宗。其中，禪宗不從經教，不言
> 如來，只依祖師相傳，因名「教外別傳」。是爲大乘八宗。……就
> 「觀」、「行」而言，「教」宗屬「行」門，如成實、三論、天臺、
> 唯識、俱舍、華嚴，俱重「信行」。「修」宗屬「觀門」，如眞言、
> 淨土、律宗、禪宗、俱重修「覺」，俱重「觀行」。……天臺、華
> 嚴、禪宗，印度無而中國獨有，顯示唐代佛門判教有獨到之見地。
> 禪宗由小乘禪而祖師禪，其流傳之久遠、宗派之開展、宗義之建
> 設，更予佛法一哲學化、學術化新生命。〔註145〕

禪門的獨特見解漸爲時人所容受而漸繁興，其基礎則係建築在當時學界對
「理、事」問題已有透徹的研究，國人已有棄繁就簡而直趨佛法眞實義去修
證的走向，並因當時研究佛法學風鼎盛，爲禪宗的發展提供了有利的局勢。
李志夫《中印佛學之比較研究》〈三論宗對中國佛教之貢獻〉文中說：

> 三論宗是發揚龍樹菩薩中觀思想之宗派。……向來該宗學者並兼宏華
> 嚴、天臺。……到了吉藏大師已將三宗論的思想發展到了極高峰。除

〔註145〕前引書，頁98～101。

非別闢捷逕，否則，在純理性的思辯裏，已是妙高臺，毫無逾越之可能了。除非再從橫的方向發展，在人生宇宙之關係上去找尋安身處。因此，天臺、華嚴兩宗先後應運而興。後來，兩宗將理事圓融關係也說盡了，無法可說了，於是禪宗大興，乾脆什麼都不說，僅從內心上去印證。這樣在學風很盛的時代，對於飽學之士與天才人物自然很好。但是到了文化不盛的時代，老是不說，茅塞不開，漸悟不易，求頓悟更難。到了以後的人，悟力漸退，想說又說不出來。〔註146〕

隋唐時代，隨著大一統封建王朝的建立，以及佛教寺院經濟的發展，中國化的佛教宗派相繼林立。不同的宗派，有各自的教義、教規和修持方法，師弟相傳，其中典型中國化的宗派有天台、華嚴和禪宗。然教下諸宗作了大量的義疏，使佛學研究達到鼎盛的地步，而無新面貌出現，而禪宗因緣聚會，其樸素的生活與簡便的行持，漸為時人所信奉，此皆達摩以來楞伽諸師的戮力弘化。待到五祖出世下出神秀、慧能諸師之分化，禪宗漸有融匯教下諸宗的氣勢。

第三節　東山法門與禪宗之初創

從禪法思想而言，達摩「藉教悟宗」授慧可以四卷楞伽印心，經僧璨、道信、弘忍次第傳授。從僧璨、道信以迄弘忍，已改變頭陀行的生活方式，隱居山林接引學人，開出了所謂的「東山法門」。此時禪門已開始打出「傳佛心印」、「教外別傳」的口號。其對經論的見解與對心的強調，顯見已具有宗派的雛形。弘忍卒後，門徒四處弘化，北宗之神秀系在京師、嵩嶽唱「識心自度」的「擬心入定、住心看淨、起心外照、攝心內證」，而南宗之惠能系在嶺南黃梅唱「定惠等」，並把達摩的「藉教悟宗」發展為「藉師自悟」。弘忍門下大師輩出，禪門的隆興引起了對立與分化，如牛頭與東山的對立，南宗與北宗的對立。

一、道　信

自達摩以下，二祖慧可，三祖僧璨，不論是人物或思想，由於典籍記載不詳，且內容不一，歷來爭議頗大。依據《歷代法寶記》與《景德傳燈錄》所載，慧可與僧璨韜光混跡，隱入山中皆佯狂等情事，反映出他們受北方僧稠系的排擠下以及在北周武帝毀佛的情況下所處的潦倒境遇，這也說明達摩

〔註146〕李志夫《中印佛學之比較研究》，頁375。

禪法至此未得繁興。〔註147〕

及至道信時（580～651），面臨著隋唐統一時期，整個佛教界在統治者的扶植與倡導下，依靠南北朝以來發展起來的寺院經濟，在南北學風的融合之中得到了空前的大發展。達摩禪法南移到了更有利於綜合北方重行與南方談玄之風氣的區域，因而得以在蘄州黃梅西北的雙峰山大弘達摩禪法，並創立自家門風，「自入山來三十餘載，諸州學道，無遠不至。」門下徒眾達五百餘人。〔註148〕

從禪法思想上來看，菩提達摩的「藉教悟宗」以四卷《楞伽》印心，承其後者，從慧可、僧璨到道信的次第傳授，被認為是「以心傳心」的正統法系。道信初於舒州皖公山得法，經十年，又赴吉州、江州，曾在廬山大林寺（此寺為智者大師所創建，智者是三論宗興皇法朗的門人）住了十年。後應蘄州道俗所請，渡江北上，住雙峰山三十餘載。〔註149〕湖北一代自南北朝以來就一直是三論空宗流行的地區，這對於道信更加接觸空宗的思想，當有很大影響。道信雖然仍不離四卷《楞伽》，如其所作的《入道安心要方便法門》中說：「我此法要，依《楞伽經》，諸佛心第一。」〔註150〕但由於他同時又依《文殊說般若經》，進一步接近三論空義，因而淡化了《楞伽》的真性之義，使真常之心更多地讓位於當下自然的現實人心。因此，達摩禪法發展到道信，既可說是發生了一個重要的轉折，又可說在某種意義上是回到了達摩的虛宗。至於道信在禪宗發展史上的地位，洪修平在《禪宗思想的形成與發展》書中說：

> 道信在達摩禪法的展開中以及禪宗的創立過程中所起的作用與所處的地位是特別值得重視的，他可說是中國禪宗的實際創始人，奠定了禪宗的思想理論基礎。他的門下弘忍進一步在修行實踐上創立宗風，發展到神秀，則為禪宗北宗。而惠能則在繼承道信、弘忍傳統的同時，又受到江南牛頭禪法的影響，從而形成了區別於北宗的新禪法，被稱為南宗。〔註151〕

道信的禪法，從《楞伽師資記》所引的《入道安心要方便法門》全文來看，仍然是循著達摩「藉教悟宗」的安心法門而來的，但他在藉教與安心兩方面

〔註147〕洪修平《禪宗思想的形成與發展》，頁120。
〔註148〕《高僧傳二集》，頁736。
〔註149〕《高僧傳二集》卷二十六〈釋道信傳〉，頁735～736。
〔註150〕釋淨覺《楞伽師資記》〈第五唐朝蘄州雙峰山道信禪師傳〉，《中國佛教思想資料選編》第四卷，頁160～161。
〔註151〕洪修平《禪宗思想的形成與發展》，頁137。

都有了很大的發展。達摩所藉之教爲《楞伽》的心性說，同時融入了《般若》的離言掃相，但達摩未對此作理論上的論證。道信則進一步從理論上對《般若》與《楞伽》的結合作了論述，他引入了《文殊說般若經》的「一行三昧」，明確地用《般若》的無相之實相來改造《楞伽》的心性說。

　　道信所依據的《文殊說般若經》是梁曼陀羅仙的譯本。該經的主旨仍在於宣說一切法無相，一切法無作，「一切法空」的般若思想，但它的特點之一是從般若性空的觀點出發，談到了佛性、如來藏，論述了眾生與佛的不二。

　　道信通過引入「一行三昧」的念佛法門，而發展了達摩以來的「凡聖等一」、「身佛不二」，他沿著僧璨《信心銘》中清淨本心，圓滿自足，自然顯現的思路而進一步提出了當下念佛之心即與佛不二，念而無念即得成佛的思想，他的「念佛心是佛，妄念是凡夫」既爲慧可倡導的眾生自度作了理論上的說明，也爲後世禪宗「前念迷即凡，後念悟即佛」，〔註152〕提供了理論依據。道信把達摩到僧璨所提倡的隨緣逍遙的修行觀置於當下即是的自然之自心之上而提出的隨心自在，無礙縱橫，成爲中國禪宗修行生活的基本態度。而他通過《文殊說般若經》的「一行三昧」，對達摩以來的禪法融會《楞伽》與《般若》思想的傾向作出了理論的論證，以及將立足點由《楞伽》而逐漸移向《般若》，則爲惠能禪的出現奠定了理論的基礎。

　　在談到如來法身無相而復有相好之身現世說法時，道信說：「如來法性之身，清淨圓滿，一切像類悉於中現。而法性身，無心起作，如頗犁鏡懸在高堂，一切像悉於中現。鏡亦無心，能現種種。」〔註153〕自性清淨圓滿，無心起作，猶如明鏡，無相而能現一切相。若侮心盡淨，則知如來常不說法。因爲如來說法無量，義亦無量，而「無量義者，從一法生，其一法者，則無相也。無相不相，名爲實相，則泯然齊淨是也。」〔註154〕因此，只要隨心自在，任心自然，便能知而無知，無知而知。「坐時當物，識心初動，任運流注，隨其來去，皆令知之。……知所無知，乃名一切智。」〔註155〕這裡，實相無相而無不相，識心無知而無不知，頗有僧肇《般若無知論》「以無知之般若照彼無相之眞諦」的意境，體現的是離言離相的般若旨趣。但是，法性圓滿自足，自性齊淨，猶如明

〔註152〕敦煌本《壇經》第二十六節，《中國佛教思想資料選編》頁14。
〔註153〕《楞伽師資記》〈第五唐朝蘄州雙峰山道信禪師傳〉，《中國佛教資料選編》第四卷，頁160。
〔註154〕同前註。
〔註155〕同前註。

鏡，此喻顯然又表達了如來藏義。根據這種兼融二義的思想，道信的侮行觀基本立足於超止觀的隨心任運。他認爲：「常住於止，心則沉沒；久住於觀，心則散亂，」〔註156〕不滯於止，不著於觀，不爲靜亂所惱者，即是好禪用心人。與此同時，道信卻又提出了觀心看淨的方便法門作爲隨心任運的補足。在談及如何使心得明淨心時，道信說：「亦不念佛，亦不捉心，亦不看心，亦不計念，亦不思稚，亦不觀行，亦不散亂，直任運，亦不令去，亦不令住，獨一齊淨，究竟處心自明淨。或可諦看，心即得明淨。心如明鏡，或可一年，心更明淨，或可三五年，心更明淨。」〔註157〕洪修平在《禪宗思想的形成與發展》第二章〈達摩禪之發展〉文中就此提出他的見解：

> 這裡同時提出了兩種修行方便法門，最清楚地反映了道信思想的兼容性，也埋下了日後南能北秀皆化的種子。不念佛，是因爲無佛可念，心即是佛。不捉心，不看心，是因爲心相無相，不可止，不可觀。清淨之心，去住自然，念念不斷，即成正物。若凝心入定，住心看淨，則被淨妄所縛，心不得明淨。這種任心自運的方便依據的顯然是無相無得，無著無捨的般若思想。後世惠能南宗的「坐禪元不著心，亦不著淨，亦不言不動，……淨無形相，……看心看淨，卻是障道因緣」（《敦煌本壇經》第十八節），實是對這種禪法的發揮。而心如明鏡，「或可諦看，心即得明淨」，卻又明言觀心看淨。三年五年，心更明淨。這顯然又是《楞伽經》自性清淨心的次第漸修法門，神秀北宗禪的「心如明鏡台，時時勤拂拭」（同前註），亦可視爲是對這種禪法的繼承。心得明淨，便得悟解法相。明淨之法既有二，悟解之道亦成雙：「或可因人爲說，即得悟解；或可永不須說，得解。」（《楞伽師資記》引《入道安心要方便法門》）道信把這歸之於學者根機的不同，而從他引經據典的說明中，可以看出，這其實與他所藉之教的不同是有密切關係的。〔註158〕

道信關於「不須向西方」的論證也是頗值得注意的。他根據《華嚴經》淨心緣起的唯心論和《維摩經》「隨其心淨則佛土淨」的思想，提出了即心即淨土說。道信從自心圓滿具足，自心本來清淨出發而提出即心即淨土說。眾生自心本是

〔註156〕同前註。
〔註157〕同前註。
〔註158〕《禪宗思想的形成與發展》，頁 153～154。

淨土，故所謂度眾生往西天，只是一種方便說法。由此便可得出眾生自心自度
的結論。道信又引《金剛經》來說明「度眾生如度空」的道理。〔註159〕道信引
《金剛經》入禪門，反映了中國禪風的演變，也是道信思想由楞伽移向般若的
一個標誌。道信進一步從般若性空的根本義上，同時將證得不空的無分別智納
入自己的思想體系，並通過《維摩經》的「不二法門」而達到「不見空與不空」。
根據這種思想，道信批判常見與斷見這兩種不正確的觀點。道信的論點，清楚
地表現博採眾經之說而為我所的「藉教」新禪風。其後神秀的禪法，「拂塵看淨，
方便通經」，則更明顯體現「藉教悟宗」。

　　道信把學者分為四種人。有行有解有證，上上人；無行有解有證，中上
人；有行有解無證，中下人；有行無解無證，下下人。〔註160〕且勸學者莫用
錯心，要善別虛之與偽。《楞伽師資記》云：

　　新學之人，直見空者，此是見空，非真空也。修道得真空者，不見空
　　與不空，無有諸見也。善須解色空義。學用心者，要須心路明淨，悟
　　解法相，了了分明，然後乃當為人師耳。復內外相稱，理行不相違，
　　決須斷絕文字語言，有為聖道，獨一淨處，自證道果也。或復有人，
　　未了究竟法為相，名聞利養教導眾生，不識根緣利鈍，似如有異，即
　　皆印可，極為苦哉！苦哉大禍，或見心路，似如明淨，即便印可。此
　　人大壞佛法，自誑誑他。用心人，有如此同異，並是相貌耳，未為得
　　心。真得心者，自識分明，久後法眼自開，善別虛之與偽。〔註161〕

道信接著引用智敏禪師的訓言：「學道之法，必須解行相扶，先知心之根源，
及諸體之用，見理明淨，了了分明無惑，然後功業可成。一解千從，一迷萬
惑，失之毫釐，差之千里，此與虛言。」〔註162〕道信又引《無量壽經》，說明
佛即是心，心外更無別佛。道信提出了五種禪法，這些禪法都是圍繞著「心」
而展開的。《楞伽師資記》云：

　　略而言之，凡有五種：一者，知心體，體性清淨，體與佛同。二者，
　　知心用，用生法寶，起作恆寂，萬惑皆如。三者，常覺不停，覺心
　　在前，覺法無相。四者，常觀身空寂，內外通同，入身於法界之中，

〔註159〕《楞伽師資記》引《入道安心要方便法門》，《中國佛教思想資料選編》第四
　　　　卷，頁163。
〔註160〕《楞伽師資記》，《中國佛教思想資料選編》頁163。
〔註161〕《中國佛教思想資料選編》，頁163～164。
〔註162〕前引書，頁164。

未曾有礙。五者，守一不移，動靜常住，能令學者，明見佛性，早
入定門。〔註163〕

從道信所說的五種禪法可以看到，其中既容納入傳統的禪法，又以般若空觀
進一步發展了慧可、僧璨禪法中「即心即佛」,「萬法一如」,「一體三寶」等
思想。道信認爲此五事，並是大乘正理，皆依經文所陳，非是理外妄說。此
是無漏業，亦是究竟義，超過聲聞地，直趣菩薩道，聞者宜修行，不須致疑
惑。習道之人，當念念住心，心心相續，無暫之間念，正念不斷，則正念現
前。〔註164〕道信且云，非其人不傳法，傳法不可造次，恐人不信而謗法，並
強調「得意忘言」、「直須任運，如此了了知，是爲得佛意。」〔註165〕道信在
《入道安心要方便法門》中曾先後引用了《楞伽經》、《文殊說般若經》、《普
賢觀經》、《大品經》、《華嚴經》、《法華經》、《涅槃經》、《無量壽經》、《維摩
經》、《遺教經》等十來種分屬不同思想體系的佛教經典，充分顯現了他「藉
教悟宗」的風格，這對後世影響很大。

道信一再談到了「看心」、「攝心」、「守心」，認爲心性雖無形，「然幽靈
不竭，常存朗然，是故名佛性」，要求通過種種方便而明心見性，但他最終是
把坐禪看心等視爲「初學者前方便」。他要求的是「氣息清冷，徐徐斂心，神
道清利，心地明淨，照察分明，內外空淨，即心性寂滅，如其寂滅，則聖心
顯矣。」這顯然仍是對僧璨「息妄顯眞」思想的發揮。道信強調修道有方便，
信行者無不得悟入無生正理，而「無作之法」，乃「眞實法」。〔註166〕至於如
何坐禪以及如何悟解法相心得明淨，據《楞伽師資記》云：

問：何者是禪師？信曰：不爲靜亂所惱者，即是好禪用心人。常住
於止心則沉沒，久住於觀心則散亂。……云何能得悟解法相心得明
淨？信曰：亦不念佛，亦不捉心，亦不看心，亦不記念，亦不思惟，
亦不觀行，亦不散亂；直任運；亦不令去，亦不令住，獨一清淨，
究竟處心自明淨；或可諦看，心即得明淨。心如明鏡或可一年，心
更明淨；或可三五年，心更明淨；或可因人爲說，即得悟解，或永
可不須説得解。〔註167〕

〔註163〕同前註。
〔註164〕《中國佛教思想資料選編》，頁165。
〔註165〕前引書，頁166。
〔註166〕前引書，頁166～167。
〔註167〕前引書，頁162。

由道信的見解，接近僧肇《般若無知論》中所說：「寶積云：『以無心意而現行。』放光云：『不動等覺而建立諸法。』」〔註168〕顯然吸收三論宗的思想。道信對於心運作，係依《起信論》而加以發揮，影響後世的北宗禪。據柳田聖山《中國禪思想史》〈一心的開展〉一文中云：

> 《起信論》以為，究竟覺是如來或佛位的人的智；菩薩完成了十個階段的修行，在最後的如金剛般堅固的禪定三昧中，獲得究竟覺。這究竟覺另外又叫作真如三昧，或金剛三昧，一行三昧；它正是宗密所說的最上乘禪哩。道信的坐禪，確已達到這樣的根源性的覺悟的境地；最低限度，後來由神秀開始的北宗禪的哲學，即基于這樣的構想而展開。〔註169〕

《楞伽師資記》中說道信，「再啟禪門，宇內流布」。《續高僧傳》也說道信門下徒眾達五百餘人，這都說明達摩禪發展到道信而初具規模。究其原因，除了社會環境較為適宜以及道信兼攝諸經教，兼融諸方便而使其禪法更具適應性之外，與道信傳法方式的改變也有很大的關係。從達摩、慧可到僧璨，都是行無軌跡，動無彰記，法匠潛運，學徒默修，弟子們常行頭陀行，一衣一缽，住無定處。到了道信卻擇地開居，他在雙峰山一住就是三十年，依山傍林，安居傳法，倡導團體生活，經濟上自耕自給。在教禪的同時又傳戒，這都既便於諸方學人前來學道，又利於禪法的展開。另外，從唐太宗多次敕請道信入京而道信均「辭老不去」〔註170〕來看，道信傳法的對象主要是下層民眾，這對於日後禪宗的勃興，特別是唐武宗滅法後禪宗的發展，實有莫大的關係。從道信初創門風，傳至弘忍，則有更進一步的發展。

二、弘　忍

　　弘忍（601～674 年）傳道信法統，而被奉為禪宗五祖。據《續高僧傳》中載，道信臨終語弟子弘忍：「可為吾造塔。」〔註171〕道宣（596～667）與道

〔註168〕僧肇《肇論》〈般若無知論第三〉，《中國佛教資料選編》頁 146。

〔註169〕柳田聖山《中國禪思想史》，頁 81。

〔註170〕《歷代法寶記》，《大正藏》第五十一卷，頁 181。

〔註171〕《高僧傳二集》卷第二十六〈蘄州雙峰山釋道信傳〉，頁 736。另見《傳法寶記并序》〈釋道信傳〉云：「永徽二年八月，命弟子山側造龕，門人知將化畢，遂談究鋒起，爭希法統。及問將傳付信，喟然久之曰：『弘忍差可耳。』」（柳田聖山《禪文化研究所研究報告》第一冊，頁 566，昭和 41 年 1 月 25

信、弘忍爲同時代人，道宣作《續高僧傳》時，弘忍仍在東山傳法，這說明弘忍爲道信的弟子是可信的。道宣沒有爲弘忍作傳，現存較早的記載有弘忍的弟子玄賾所作的《楞伽人法志》，爲淨覺的《楞伽師資記》所節引，其中說：

> （弘忍）七歲奉事道信禪師，自出家，處幽居寺，住度弘愍，懷抱
> 眞純，緘口於是非之場，融心於色空之境，役力以申供養，法侶資
> 其足焉。調心唯務渾儀，師獨明其觀照，四議（儀）皆是道場，三
> 業咸僞（爲）佛事。蓋靜亂之無二，乃語默之恆一。〔註172〕

其繼承了道信隨心自在、無礙縱橫的修行觀，但他並沒有廢棄坐禪這種形式。《歷代法寶記》中說他「性本訥沉厚，同學輕戲，默然無對。常勤作務，以禮下人。晝則混跡驅給，夜便坐攝至曉，未長嘗懈倦，三十年不離信大師左右。」〔註173〕弘忍白天勞作，夜晚坐禪，性情敦厚，與世無爭。雖然文化水準不高，不常讀經，卻能契悟佛法大義，深受道信器重。《楞伽人法志》說他：「生不矚文，而義符玄旨。」〔註174〕《宋高僧傳》也說：「（道）信每以頓漸之旨，日省月試之。忍聞言察理，觸事忘情。……信知其可教，悉以其道授之。」〔註175〕

道信以後，弘忍弘化於馮墓山（一作憑茂山），法門大開。據《傳法寶記》載，弘忍「既受付囑，令望所歸，裾履湊門，日增其倍。十餘年間，道俗受學者，天下十八九。自東夏禪匠傳化，乃莫之過」。〔註176〕《楞伽師資記》云：「時四方請益，九眾師橫，虛往實歸，月逾千計。」〔註177〕由於弘忍據以傳法的馮墓山一在雙峰山東去不遠，故此山又被稱爲東山，弘忍的禪法也因此而被稱爲「東山法門」。

據《傳法寶記》載，道信每勸諸門人：「努力勤坐，坐爲根本。能作三五年，得一口食塞饑瘡，即閉門坐，莫讀經，莫共人語。能如此者，久久堪用。」〔註178〕弘忍在東山傳法，是恪守師訓的。他「蕭然淨坐，不出文記，口說玄理，默授與人。」〔註179〕其長期養性山中，棲神幽谷，足不出山。

日）

〔註172〕《大正藏》第五十一卷，頁168。
〔註173〕《大正藏》第五十一卷，頁182。
〔註174〕《中國佛教思想資料選編》，頁168。
〔註175〕《高僧傳三集》卷八〈弘忍傳〉，頁189。
〔註176〕柳田聖山《禪文化研究所研究報告》第一冊，頁567。
〔註177〕《中國佛教思想資料選編》，頁168。
〔註178〕柳田聖山《禪文化研究所研究報告》第一冊，頁567。
〔註179〕《中國佛教思想資料選編》，頁168。

據《歷代法寶記》載，顯慶年間，唐高宗曾多次遣使加請弘忍入京，均不赴所請。〔註 180〕至於弘忍何以不向人間城邑聚落，而要幽居山林，據《楞伽師資記》云：

> 問：「學問何故不向城邑聚落，要在山居？」弘忍答曰：「大廈之材，本出幽谷，不向人間有也。以遠離人故，不被刀斧損斫，一一長成大物，後乃堪爲棟樑之用。故知棲神幽谷，遠避囂塵，養性山中，長辭俗事，目前無物，心自安寧，從此道樹開花，禪林果出也。」〔註 181〕

弘忍繼承並發展了道信倡導的山林佛教的禪風，聚徒定居，生產自給，把禪的修行與生產勞動相結合，把修禪與日常生活打成一片，從而改造了山居林處，獨自苦行的傳統修禪方代，並使達摩以來隨緣自在的修行觀具體落實到了實際的禪行生活之中。〔註 182〕

關於弘忍的禪法思想，除了《楞伽師資記》及《宗鏡錄》卷九十七中有若干弘忍的法語外，現存有《最上乘論》一卷，署爲「第五祖弘忍禪師述」，此與題爲「蘄州忍和尚」所作的敦煌本《導凡趣聖悟解脫宗修心要論》一卷爲同一種作品。

從達摩系禪法的發展以及《最上乘論》來看。《最上乘論》的主題爲「守心」，即守住「自性圓滿清淨之心」。論中提出：「此守心者，乃是涅槃之根本，入道之要門，十二部經之宗，三世諸佛之祖。」〔註 183〕這與《宗鏡錄》中所引的「弘忍大師云：『欲知法要，心是十二部經之根本。』」〔註 184〕其思想旨趣是一致的。這種思想在達摩到道信的禪法中都有存在，但弘忍則進一步突顯出來。《最上乘論》把攝心守一明確爲「守本眞心」，認爲我心即是眞心，眞心之性即是不生不滅的眞如法性，這說明它所藉之教更多的受到了《大乘起信論》的影響，接近了華嚴宗的「眞心緣起論」。這與《宗鏡錄》所引的「但守一心即心眞如門，一切法行不出自心」〔註 185〕以及《楞伽師資記》中弘忍引《楞伽經》「境界法身」之語來說明萬法一如，清淨法身無有邊畔，坐禪之身與土木瓦石無二的思想，也是基本相合的。

〔註 180〕《大正藏》第五十一卷，頁 168。
〔註 181〕前引書，頁 168。
〔註 182〕洪修平《禪宗思想的形成與發展》，頁 166。
〔註 183〕《大正藏》第四十八卷，頁 377。
〔註 184〕前引書，頁 940。
〔註 185〕前引書，頁 940。

《最上乘論》可能是由弘忍門下根據弘忍所說集錄而成，大體上反映弘忍禪法的特點，其中夾雜後人的東西，特別是神秀北宗禪的思想。《最上乘論》的主題爲「守心」。圍繞著所守之心爲何以及爲何守心、如何守心。文中開門見山地說：

> 夫修道之本體，須識當身心本來清淨，不生不滅，無有分別。自性
> 圓滿清淨之心，此是本師，仍勝念十方諸佛。〔註186〕

文中接著引《十地經論》，說明「心性本淨、客塵所染」的道理。引《維摩經》所說「如」的觀念，來解釋自心本來不生不滅。還引用華嚴系的唯心說，以論證守心的必要性。并依據《涅槃經》的佛性論，論證守本眞心是涅槃的根本。

弘忍以「自心爲本師」，認爲此眞心自然而有，不從外來，「若識心者，守之則到彼岸，迷心者，棄之則墮三途。」並引《金剛經》所云「若以色見我，以音聲求我，是人行邪道，不能見如來。」，以證「守本眞心勝念他佛」。弘忍認爲「常念彼佛不免生死，守我本心則到彼岸。」因此，弘忍特別強調了眾生識心自度，認爲佛不能度眾生，如果佛能度眾生，「過去諸佛恆沙無量，何故我等不成佛也？」眾生之所以未得成佛而沉沒苦海，只是在於「情（精）誠不自內發」，如果「不肯發至誠心，求願成佛，受無量自在快樂，乃始轟轟隨俗，貪求名利，當來角大地獄中，受種種苦惱。」弘忍認爲千經萬論莫過守本眞心，提醒行人莫狂喪功夫。據《最上乘論》云：

> 按《法華經》示汝，大車寶藏明珠妙藥等物，汝自不取不服，窮苦
> 奈何會是，妄念不生，我所心滅，一切功德，自然圓滿。不假外求，
> 歸生死苦，於一切處正念察心，莫愛現在樂，種未來苦，自誑誑他，
> 不脫生死。努力！努力！今雖無常共作，當來成佛之因。莫使三世
> 虛度，狂喪功夫。……但於行住坐臥中，常了然守本眞心，會是妄
> 念不生，我所心滅，一切萬法不出自心。〔註187〕

弘忍告訴學人，諸佛所以廣說許多言教譬喻，只爲眾生行行不同，才使教門差別，其實八萬四千法門、三乘八道位體、七十二賢行宗，莫過於以自心爲本。若能自識本心，念念磨練莫住者，即自見佛性。若了此心源者，一切心義自現，一切願具足，一切行滿，一切皆辦，不受後有。弘忍明示清淨無生的義理，難可得聞，但既得聞當力行，並指引何者才省力而有功，進一步成爲有力菩薩，

〔註186〕《大正藏》第四十八卷，頁377。
〔註187〕前引書，頁370。

甚至於達到「對境不生妄念、我所心滅」境界的出世丈夫。據《最上乘論》云：

> 捨此身已定，得無生不可思議。努力！莫造大。如此眞實，不妄語，
> 難可得聞。聞而能行者，恆沙眾中莫過有一，聞而能到者，億萬劫
> 中希有一人。好好自安自靜，善調諸根，就視心源，恆令照燎清淨，
> 勿念無記生心。……努力！努力！但能著破衣飱糲食，了然守本眞
> 心，佯癡不解語，最省氣力而能有功，是大精進人。世間迷人，不
> 解此理，於無明心中，多涉艱辛，廣修相善，望得解脫，乃歸生死。
> 若了然不失正念，而度眾生者，是有力菩薩。分明語汝等，守心第
> 一，若不勤守者，甚癡人也。……八風吹不動者，眞是珍寶山也。
> 若知果體者，但對於萬境，起恆沙作用，巧辯若流，應病與藥，而
> 能妄念不生，我所心滅者，眞是出世丈夫。如來在日，歎何可盡！
> 吾說此言者，至心勸汝。〔註188〕

針對俗情「貪求名利」，弘忍提到但能著破衣飱糲食，了然守本眞心，佯癡不
解語，最省氣力而能有功，是大精進人。可以看到達摩系禪法重頭陀苦行所
留下的痕跡。至於如何守本眞心，識心自度呢？弘忍談到了一些方便禪法。《最
上乘論》云：

> 若有初心學坐禪者，依《觀無量壽經》，端坐正念，閉目合口，心前
> 平視，隨意近遠，作一日想守眞心，念念莫住，即善調氣息，莫使
> 乍粗乍細，則令人成病苦；夜坐禪時，或見一切善惡境界，或入青
> 黃赤白等諸三昧，或見身出大光明，或見如來身相，或見種種變化，
> 但知攝心莫著，並皆是空，妄想而見也。經云：十方國土，皆如虛
> 空：三界虛幻，唯是一心作。若不得定，不見一切境界者，亦不須
> 怪。〔註189〕

《楞伽師資記》也記載弘忍的法語說：

> 你坐時平面端身正坐，寬放身心，盡空際遠看一字，自有次第，若
> 初心人攀緣多，且向心中看一字，證後坐時，狀若曠野澤中，迥處
> 獨一高山，山上露地坐，四顧遠看，無有邊畔，坐時滿世界，寬放
> 身心，住佛境界，清淨法身，無有邊畔，其狀亦如是。〔註190〕

〔註188〕前引書，頁378。
〔註189〕前引書，頁378。
〔註190〕前引書，頁169。

從坐禪調息等方便形式上，可以清楚地看到弘忍對道信《入道安心要方便法
門》中所說的五種方便禪法，特別是其中「守一不移」禪法的繼承與發展。
弘忍把道信的「守心」明確爲「守眞心」。由於「一切萬法不出自心」，「自
心是本」，因此，弘忍所要求的是守住那不生不滅、自本清淨、自性圓滿具
足的「眞心」。弘忍把念念不住，終日守本眞心而不起妄念也稱之爲「捨身」，
認爲「若了此心源者，一切心義自現。一切願具足，一切行滿，一切皆辦，
不受後有。會是妄念不生，我所心滅。捨此身已，定得無生不可思議。」弘
忍引用《觀無量壽經》念佛法門，強調的也就是念念不離眞心，而不是道信
引經所強調的無念而念心。《傳法寶記》中曾說：「及忍、如、大通之世，則
法門大啓，根機不擇，齊速念佛名令淨心，密來自呈，當理與法。」〔註 191〕

　　由於弘忍得法於道信，對僧璨、道信以來「即心即佛」、「息妄顯眞」的
禪法思想也有所繼承，因此，他反覆強調「守本眞心」的同時，也多次談到
清淨本心的自然顯現，認爲「但能凝然守心，妄念不生，我所心滅，自然與
佛平等無二」。但是，弘忍的禪法對觀心的要求，與《大乘起信論》修行止觀，
頗有雷同處。《最上乘論》云：

> 好自閒靜身心，一切無所攀緣，端坐正念，善調氣息。懲其心，不在
> 內，不在外，不在中間，好好如如，穩看看熟，則了見此識流動，猶
> 如水流陽焰，曄曄不住。既見此識時，唯是不內不外，緩緩如如，穩
> 看看熟，則返覆銷融，虛凝湛住。其此流動之識，颯然自滅。滅此識
> 者，乃是滅十地菩薩眾中障惑。此識滅已，其心即虛，凝寂淡泊，皎
> 潔泰然。吾更不能說其形狀。汝若欲得者，取《涅槃經》第三卷中〈金
> 剛身品〉及《維摩經》第三卷〈見阿閦佛品〉，緩緩尋思，細心搜撿
> 熟看。若此經熟實得，能於行住坐臥及對五欲八風，不失此心者，是
> 人梵行已立，所作已辦，究竟不受生死之身。〔註 192〕

弘忍的禪法對後世的影響是多方面的，就他對觀心守心的強調而言，如果立
足於「行」，突出「觀心」而息妄心，便會有「息妄修心宗」；如果立足於「證」，
突出行住臥眞心不失，便會有「直顯心性宗」。此二宗禪法雖異，然根源無二。
至於「泯絕無寄宗」，則與牛頭禪法發生了聯繫。〔註 193〕

〔註 191〕《傳法寶記》，《禪文化研究所研究報告》第一冊，頁 570～571。
〔註 192〕前引書，頁 379。
〔註 193〕洪修平《中國禪宗的形成與發展》，頁 185。

　　《最上乘論》中有兩點最值得注意：一是關於迷悟的論述，二是對經教的看法。佛與眾生的差別只在於是否能守本眞心，不生妄念，而這又依賴於是否識心悟性。「識心故悟」，「識心者，守之則到彼岸」；「失性故迷」，「迷心者，棄之則墮三途」。迷與悟的問題本是佛教解萬法的一個根本問題。佛教的理論就在於論證解脫的必要性、可能性以及提供種種解脫的途徑與方法。怎樣才能解脫？如何才是成佛？這些問題對重視實際踐行的禪門來說，顯得格外重要。弘忍將對「自心自性的迷、悟」明確地引入禪門，並將它提到極重要的地位，對後世禪宗產生了極大的影響。從此以後，迷與悟、頓與漸的問題，便與禪宗結下了不解之緣，並成為南北禪的核心問題之一。〔註194〕

　　關於頓、漸的問題，《最上乘論》中說「眾生過去根有利鈍不可判，上者一念間，下者無量劫。」〔註195〕但從整體思想來看，是主張漸修，但有頓悟的傾向。論中在談到觀心時，多次強調要「善調氣息」，「緩緩靜心」，要「念念磨鍊」自心，使之莫住，「譬如磨鏡塵盡明自然現」。這與《楞伽師資記》中所載，弘忍言坐禪「自有次第」的說法，是吻合的。

　　弘忍的禪法，仍不離「理入」與「行入」，進而強調「守本眞心」之外，直契當前一念，清淨自在。在回答「何知守本眞心是十二部經之宗」問題，《最上乘論》中云：

> 　　如來於一切經中，說一切罪福，一切因緣果報。成引一切山河大地莫本等種種雜物，起無量無邊譬喻，或現無量神通種種變化者，只是佛爲教導無智慧眾生有種種欲心，心行萬差，是故如來隨其心門引入一乘。我既體知眾生佛性本來清淨，如雲底日，但了然守本眞心，妄念雲盡，慧日即現，何須更多學知見所生死苦一切義理及三世之事。……今於無明心中學得者終是不堪，若能了然不失正念，無爲心中學得者，此是眞學。雖言眞學，竟無所學。……《涅槃經》云：「知佛不說法者，是名具足多聞。故知守本眞心，是十二部經之宗也。」〔註196〕

佛的一切言說教法，都只是隨機應化以引導眾生「守本眞心」。所以弘忍認為，千經萬論，莫過守本眞心。經教至多只是用來「印證」守心的重要性，而非

〔註194〕前引書，頁187。
〔註195〕前引書，頁379。
〔註196〕前引書，頁377～378。

「悟宗」的必要條件，這從《最上乘論》對《十地經論》、《維摩經》、《金剛經》、《心王經》、《涅槃經》、《法華經》等佛典的廣泛引用，可以看出。

由道信到弘忍，無論是禪法思想還是傳法的方式，都已具備了禪宗的各種特點。從「南能北秀」爭奪法統這一歷史事實，已反映了禪宗於弘忍之時已經初創。據現有的史料，禪宗的傳法定祖之說，完成於弘忍之時，而傍正之爭也是自弘忍門下開始。洪修平在《禪宗思想的形成與發展》一書中云：

> 首先從禪法思想上來，東山法門已經包含了以後南北禪宗的基本思想與方便法門。南能北秀皆以正傳東山法門相標榜，道信所倡導的「一行三昧」成爲南北禪宗的共同禪法。……北宗重觀心，南宗重隨緣，都可以在東山法門中找到源頭。其次，從東山門的門風來看，從道信到弘忍，都有了比較固定的徒眾，團體生活、農禪並作、經濟上實行自給自足等，也都基本成爲禪行生活的規範，體現在禪門《百丈清規》中的中國禪宗叢林制度的基本原則思想，實際上已於此時初步形成。道宣曾對他所見到的禪都行跡作過這樣的描述：「世有定學，妄傳風教，同纏俗染，混輕儀跡。」「復有相述同好，聚結山門，持犯蒙然，動掛刑網，運斤揮刃，無避種生。炊爨飲啖，寧慚宿觸。」……反映了他對當時禪門不遵戒律的不滿，但他所描繪的聚結山林，自食其力，將修禪與勞作打成一片等等，這不正是中國禪宗的基本特色嗎？再從活動的區域來看。當時以蘄州黃梅爲中心，湖北一帶已成爲弘忍及其門下的主要活動區域，例如弘忍的弟子有荊州玉泉神秀、安州壽山玄賾、隨州玄約、蘄州顯、襄州通、鄭州法等，形成了一定的勢力範圍，以後才逐漸向廣東、湖南、江西乃至全國傳播發展。更重要的是，東山法門已開始打出「傳佛心印」的「教外別傳」之旗號，這實際上也就是禪宗所特有的「判教」。這種對經論的看法以及對「心」的強調，顯然已初具禪門宗派之特點，顯示了區別於教下的宗門特色。道宣在《續高僧傳》中曾說：「頃世定士，多削義門」，「正經罕讀」，並明確指出：「世有定學……排小捨大，獨建一家，攝濟住持，居然乖僻。」這表明當時已有排斥大小乘經教而「獨建一家」、自成系統的禪家宗門之存在。〔註197〕

中國禪宗於弘忍之時已經正式形成。由於弘忍「廣開法門，接引群品」，「一

〔註197〕洪修平《中國禪宗思想的形成與發展》，頁195～196。

生教人無數」，〔註198〕故門下大師輩出，各爲一方人物，法統之爭也就在各家之間，特別在南能北秀之間逐漸展開。然從達摩到弘忍這五代相承的說法，則爲各家所共同認可。

第四節　南北禪宗的對立

　　弘忍的門下神秀，在徒眾中爲「教授師」，弘忍卒後住在湖北武當山，久視二年（701年）得武后禮請至京師說法，被尊爲「兩京法王、三帝國師」。神秀卒後，其弟子普寂、義福續被武后尊崇爲國師。開元二十三年（734年），慧能的弟子神會在河南滑台寺舉行的無遮大會上，公然指責神秀的傳法系統爲假。安史亂起，荷澤神會因助軍需而說法鬻牒度僧，對朝廷有功，得王室護持。德宗貞元十二年（796年），敕立荷澤神會爲第七祖，法統之爭平息。南宗因神會之唱導，致使天下言禪者「皆本曹溪」。所以馮友蘭在〈論禪宗〉一文中說：「實際上，禪宗基本上是慧能創始的，它的社會影響，是經過慧能才闊大的。慧能以後，禪宗代替了其它宗派，『禪』──成爲佛教的別名。」〔註199〕在禪法方面，印順在《中印禪宗史》序中說：「慧能的簡易，直指當前一念本來解脫自在（無住），爲達摩禪的中國化開闢了通路。」〔註200〕慧能的禪法，實有別於印度傳來的達摩禪，所以鈴本大拙在「禪：敬答胡適博士」文中認爲：「我們不妨將他視爲中國禪宗的初祖」。〔註201〕慧能的門下，後在江南弘化，本著以「無住」爲宗，「以不起妄念」爲旨，競以師說爲尚，經會昌法難，開出了晚唐的五代宗派。

一、神　秀

　　在弘忍徒眾中，神秀上座是教授師。〔註202〕弘忍曾讚嘆：「東山之法，盡在秀矣。」〔註203〕並對神秀說：「吾度人多矣，至於懸解圓照，無先汝者。」

〔註198〕《歷代法寶記》，《大正藏》第五十一卷，頁182～183。
〔註199〕胡適等著《禪宗的歷史與文化》（新潮文化事業有限公司，民國84年月初版），頁11。
〔註200〕釋印順《中國禪宗史》序，頁8～9。
〔註201〕《禪宗的歷史與文化》，頁68。
〔註202〕敦煌本《壇經》第五節，《中國佛教思想資料選編》第四卷，頁6。
〔註203〕張説《大通禪師碑》，《全唐文》卷二三一。

〔註204〕《楞伽師資記》明確地說，神秀不出文記。但敦煌卷子中有幾個本子，一般認為是神秀所述，經由弟子們記錄整理而成。它們是：《大乘無生方便門》、《大乘五方便》、《無題一》、《無題二》與《大乘北宗論》。另外，一向在日本流傳的神秀《觀心論》一卷，在敦煌發現好幾個本子，《大正藏》第四十八卷收錄的《少室六門》之二的《破相論》，其實就是《觀心論》的異抄本。根據敦煌資料，結合宗密、淨覺、張說等人的記載，以及《傳燈錄》、《宗鏡錄》中的內容，可以考察神秀的禪法思想。

　　一般人談到神秀的禪法，認為神秀的禪法繼承了達摩以來依持《楞伽經》的傳統，而慧能的變革則在於以《金剛經》替代了《楞伽經》。洪修平在〈禪宗思想的形成與發展〉一文中認為，「神秀的禪法就是按照《起信論》的思想組織起來的，他的方便法門中還融入了一定的般若思想。」〔註205〕其認為神秀的禪法，可以從兩方面來認識：

　　　　一是他禪法的理論基礎，主要表現在他的《觀心論》中，從中可以
　　　　看到他對弘忍「守本真心」說的繼承與發揮；二是他禪法中的方便
　　　　法門，主要體現在《大乘無生方便門》等本子中，這部分內容，清
　　　　楚地反映了神秀對道信以來禪法的發展。……神秀的「體用」說是
　　　　從《大乘起信論》的「一心二門」而來的。他的《觀心論》是通過
　　　　對心之體的理解而強調觀心、守心的必要性，他的《五方便》則是
　　　　體用不二說在修禪實踐中的具體貫徹。……神秀立足於「行」而發
　　　　揮了弘忍的「守本真心」論。〔註206〕

在《觀心論》中，神秀提出「觀心」一法總攝諸法，志求佛道者，修「觀心」一法，最為省要。因為心者，萬法的根本，一切諸法，唯心所生，若能了心，則萬法俱備。一切善惡，皆由自心，心外別求，終無是處。〔註207〕至於如何觀心，其云：

　　　　菩薩摩訶，行深般若波羅蜜多時，了四大五陰本空無我，了見自心起
　　　　用有兩種差別。云何為二？一者淨心。二者染心。此二種心，法界自

〔註204〕《舊唐書》卷一九一〈神秀傳〉。另見《高僧傳三集》卷八〈唐荊州當陽山度
　　　　門寺神秀傳〉，前引書，頁196。
〔註205〕洪修平《中國禪宗思想的形成與發展》，頁252。另見黃懺華〈神秀傳〉《中
　　　　國佛教總論》（二）〈人物與儀軌〉，頁145。
〔註206〕洪修平《中國禪宗思想的形成與發展》，頁252～253。
〔註207〕《大正藏》第四十八卷，頁366。

然，本來俱有，雖離假緣，合互相待，淨心恆樂善因，染體常思惡業。
若不受所染，則稱之爲聖，遂能遠離諸苦，證涅槃樂。若隨染心造業，
受其纏覆，則名之爲凡，沉淪三界，受種種苦。何以故？由彼染心障
眞如體故。十地經云：眾生身中，有金剛佛性，猶如日輪體明圓滿廣
大無邊，只爲五陰重雲覆，如瓶內燈光不能顯現。又《涅槃經》云：
一切眾生悉有佛性，無明覆故，不得解脫。佛性者即覺性也，但自覺
覺他，覺智明了，則名解脫。故知一切諸善以覺爲根，因其覺根，遂
能顯現諸功德樹，涅槃之果，因此而成。如是觀心，可名爲了。……
三界業報，唯心所生，本若無心，於三界中，即出三界。……眾生不
了正因，迷心修善，未免三界，生三輕趣。……所謂縱三毒心，唯造
惡業，墮三重趣。……故知一切苦業由自心生，但能攝心，離諸邪惡，
三界六趣輪迴之苦，自然消滅，即得解脫。〔註208〕

神秀認爲，眾生之所以沉淪受苦，不得解脫，在於無明障覆眞如體的緣故。
無明之心，雖有八萬四千煩惱情欲及恆河沙眾惡，皆因三毒以爲根本。貪嗔
癡三毒心，於本體中應現六根，亦名六賊，由此六賊（識）出入諸根，貪著
萬境，能成惡業，障眞如體。若能了正因，本若無心，定能斷其本源，轉三
毒爲三聚淨戒，轉六賊爲六波羅蜜，自然永離一切苦海。〔註209〕神秀還用觀
心來統攝念佛法門，《破相論》中云：

問：「如經説言，至心念佛，必得往生西方淨土。以此一門，即應成
佛，何假觀心，求得解脫？」答：「夫念佛者，當須正念，了義爲正，
不了義爲邪。正念必得往生，邪念云何到彼哉？佛者覺也，所謂覺
察身心，勿令起惡也。念者憶也，所謂憶持戒行，不忘精進。了如
是義，名爲爲念。故知念在於心，非在於言。因筌求魚，得魚忘筌，
因言求意，得意忘言。既稱念佛之名，須知念佛之道。若心無實，
口誦空名，三毒內臻，人我填臆，將無明之心，向外求佛，徒爾虛
功。且如誦之與念，義理懸殊，在口曰誦，在心曰念。故知念從心
起，名爲覺行之門，誦在口中，即是音聲之相。執外求理，終無是
處。故知過去諸聖所修念佛，皆非外説，只推內心。」〔註210〕

〔註208〕前引書，頁366～367。
〔註209〕前引書，頁367。
〔註210〕《大正藏》第四十八卷，頁369。

神秀在強調念佛需正念時，引用了《金剛經》文「凡所有相皆是虛妄」。〔註211〕由於神秀依一心而立染淨、善惡、凡聖等等的不同，並以觀心來統攝佛教的修持活動，因此他十分反對修造伽藍、鑄寫形像、燒香、燃長明燈、繞塔行道、持齋禮拜等外在形式的活動，因此類行事乃佛渡眾生的方便說法，非如來眞實意。《破相論》中云：

> 問：「經中所說，佛令眾生修造伽藍、鑄寫形像、燒香、散花、燃長明燈、晝夜六時遶塔行道、持齋禮拜種種功德，皆成佛道。若唯觀心，總攝諸行，說如是事，應虛妄也。」答云：「佛所說經，有無量方便，以一切眾生鈍根狹劣，不悟甚深之義，所以假有爲喻無爲。若復不修內行，唯只外求，希望獲福，無有是處。言伽藍者，西國語，此土翻爲清淨地也。若永除三毒，常淨六根，身心湛然，內外清淨，是名造伽藍。……又散花者，義亦如是。所謂演說正法，諸功德花，饒益有情，散沾一切，於眞如性，普施莊嚴。此功德花，佛所稱讚，究竟常住，無凋落期。……又六時行道者，所謂六根之中，於一切時，常行佛道，修諸覺行，調伏六根，長時不捨。遶塔行道者，塔者是身也。當修覺行巡遶身心，念念不停，名爲遶塔。過去諸聖皆行此道，至涅槃時，今時世人不會此理，曾不內行，唯執外求，將質礙身。遶世間塔，日夜走驟，徒自疲勞，而於眞性，一無利益。又持齋者，當須會意，不達斯理，徒爾虛功。齋者齊也，所謂齊正身心，不令散亂。持者護也，所謂於諸戒行，如法護持。必須外禁六情，內制三毒，慇懃覺察清淨身心，了如是義，名爲持齋。……世尊欲令世俗表謙下心，亦爲禮拜。故須屈伏外身，示內恭敬，覺外明內，性相相應。若復不行理法，詐現威儀，無漸於聖，徒誑於凡，不免輪迴，豈成功德。〔註212〕

神秀的禪法，仍不離理入與行入，且強調覺外明內，性相相應，若不內行，唯只外求，希望獲福，無有是處。他說：「竊見今時淺識，唯知事相爲功，廣費財寶，多傷水陸，妄營像塔，虛役人夫，積木疊泥，圖丹畫綠，傾心盡力，損己迷他，未解慚愧，何曾覺悟。見有爲則勤勤愛，說無爲則兀兀如迷，且貪現世之小慈，豈覺當來之大苦。此之修學，徒自疲勞，背正歸邪，誰言獲

〔註211〕《大正藏》第八十五冊，頁1273。
〔註212〕《大正藏》第四十八卷，頁368～369。

福。但能攝心內照，覺觀外明，絕三毒永使銷亡，閉六賊不令侵擾，自然恒沙功德、種種功德、無數法門，一一成就。超凡證聖，目擊非遙，悟在須臾，何煩皓首。」〔註213〕神秀的觀心法門，也含頓悟的見解。《觀心論》中云：

> 問：「如佛所説，我於三大阿僧祇劫無量勤苦，乃成佛道。云何今説唯除三毒即名解脫？」答曰：「佛所説言三大阿僧祇劫者，即三毒心也。胡言阿僧祇，漢言不可數。此三毒心，於一念中皆爲一切，恒河沙數不可數也。眞如之性，既被三毒之所覆障，若不超越彼三恒河沙毒惡之念，云何名得解脫。今者能除貪嗔痴等三種毒心，是則名爲度得三大阿僧祇劫。末世眾生愚痴鈍根，不解如來三種阿僧祇秘密之説，遂言成歷劫末期，豈不疑誤行人。不退菩提，方成佛道。」

〔註214〕

神秀以去除「一念中的三毒心」的觀心法門，取代累世修行，將解脫從無期未來，移到當世。因此，在主張時時勤拂拭的同時，反覆強調頓悟。《大乘無生方便門》中説：「一念淨心，頓超佛地。」〔註215〕神秀繼承道信、弘忍以心爲宗的禪法，故特奉《楞伽經》，遞爲心要。〔註216〕楞伽宗也立他爲七祖。但此宗從道信以來，即重《般若經》，唱一行三昧。神秀更擴大其方便，涉及多種經論。其門下相傳有五方便門，即是：一、總彰佛體門，亦稱離念門，依《起信論》説心體離念。二、開智慧門，亦稱不動門，依《法華經》説開示悟入佛的知見。三、顯不思亦解脫門，依《維摩經》説無思無想爲解脫。四、明諸法正信門，依《思益經》説心不起離自性爲正性。五、見不異門，依《華嚴經》説見諸法無異，自然無礙解脫。神秀的五方便門，其內容不外是觀心禪法的開展，由於其著眼於離念本覺，故強調息妄攝心的坐禪。《景德傳燈錄》卷四載神秀示眾偈曰：「一切佛法，自心本有，將心外求，捨父逃走。」《壇經》記載惠能問神秀弟子志誠，神秀如何示眾，志誠説：「常指誨大眾：住心觀淨，常坐不臥。」其門人張説亦説神秀：「開法大略，則忘念以息想，極力以攝心。其入也，品均凡聖，其到也，行無先後。趣定之前，萬緣皆閉，發慧之後，一切皆如。」〔註217〕後來其弟子普寂、降魔藏更發展爲「擬心入定，

〔註213〕前引書，頁369。

〔註214〕《大正藏》第八十五冊，頁1271。

〔註215〕前引書，頁1273。

〔註216〕張説〈唐玉泉寺大通禪師碑〉，《中國佛教思想資料選編》第四卷，頁351。

〔註217〕張説〈唐玉泉寺大通禪師碑〉，前引書，頁351。

住心看淨，起心外照，攝心內證」之說。這反映出自弘忍以後，「識心自度」已成禪宗發展的普遍趨勢。〔註218〕

二、慧　能

慧能（638～713），俗姓盧，原籍范陽，因父左遷流爲新州（今廣東新興縣）百姓。早年喪父，老母遺孤移居南海，艱辛貧乏，於市賣柴。後於市見一客讀《金剛經》，慧能一聞，心明便悟，旋辭老母，往黃梅憑墓山，禮拜五祖弘忍。初見五祖，慧能就直言：「不求餘物，唯求佛法作。」並提出「佛性無南北」的見解，深得弘忍器重。慧能在弘忍門下，隨眾作務，踏錐八月餘，因作偈呈心地，得弘忍印可，夜喚堂內爲說《金剛經》，慧能言下領旨，而稟受頓法及衣，成爲禪宗六祖。慧能得法後，稟持弘忍「將法向南，三年勿弘」之訓，回嶺南，在曹溪行化十餘年，門徒三五千人。〔註219〕

在慧能一生中，得法傳衣，是重大事件。自王維的〈六祖能禪師碑銘〉開始，南宗所傳的資料均記載此事，而北宗文獻亦未否定此說。〔註220〕道宣在《續高僧傳》中記載，道信臨終時語：「生來付囑不少。」〔註221〕淨覺的《楞伽師資記》言弘忍，「蕭然淨坐，不出文記，口說玄理，默授與人。」《楞伽人法志》記載著弘忍語曰：「如吾一生，教人無數，好者並亡，後傳吾道者，只可十耳。」〔註222〕贊寧在《宋高僧傳》〈習禪篇〉第三之一的〈弘忍傳〉中，言及道信密受衣法給弘忍以爲質，弘忍以法服付慧能。〔註223〕在〈慧能傳〉中言及：「忍密以法衣寄託曰：古我先師轉相付授，豈徒爾哉。鳴呼！後世受吾衣者，命若懸絲。小子識之，能計迴生地。」〔註224〕屬南山律宗的贊寧，亦信惠能得衣法之事。而其所說，同《壇經》所載。

道信時，即每以頓漸之旨試弘忍，弘忍聞言察理，觸事忘情，道信知其可教，悉以其道授之。〔註225〕惠能化於韶陽，神秀傳法荊門洛下，兩人互爲

〔註218〕洪修平《中國佛教思想的形成與發展》，頁280。
〔註219〕敦煌本《壇經》，《大正藏》第四十八卷。
〔註220〕洪修平，前引書，頁291。
〔註221〕《高僧傳二集》卷第二十六，頁736。
〔註222〕《中國佛教思想資料選編》第四卷，頁168。
〔註223〕《高僧傳三集》卷第八，頁189。
〔註224〕前引書卷第八〈唐韶州今南華寺慧能傳〉，頁191。
〔註225〕《高僧傳三集》，前引書，頁189。

發揚，無私於道。神秀嘗請天后請追惠能赴都，惠能懇而固辭，神秀又作尺牘序帝意徵之，終不能起。惠能謂使者曰：「吾形不揚，北土之人，見斯短陋，或不重法。又先師記吾以嶺南有緣，且不可違也。」〔註226〕

　　惠能的禪學思想，主要體現在《壇經》中。《壇經》是惠能黃梅得法後，居曹溪寶林寺時，應韶州刺使韋璩等人邀請，到韶州大梵寺說法，由其弟子記錄而成。《壇經》在長期流傳中，經人不斷修訂補充，而有許多版本。最早的是敦煌本，距惠能入滅七十年。在敦煌本之前，《壇經》就曾有過被人改換的現象。據《景德傳燈錄》卷二十八載南陽慧忠國師語：

　　　　吾比游方，多見此色，近尤盛矣。聚卻三五百眾，目視雲漢，云是
　　　　南方宗旨。把他《壇經》改換，添揉鄙譚，銷除聖意，惑亂後徒，
　　　　豈成言教？苦哉！吾宗喪矣！〔註227〕

所謂「南方宗旨」，從慧忠與南方來的禪客的問答中可知，它是以見聞覺知爲佛性，佛性亦稱神性，是離卻一切無情而永恆不滅。此表明惠能門下，出現過強調佛性是常、離無常色身而解脫的思想。然此思想終未成爲主流。從現存的敦煌本《神會語錄》來看，神會對佛性的見解，比較接近《曹溪大師別傳》中「佛性不二」、「佛性非常非無常」的思想。現存的敦煌本《壇經》，經過神會門下增刪，作爲傳宗付法的憑依。據韋處厚〈興福寺內道場供奉大德大義禪師碑銘〉中，談到荷澤神會時云：「洛者曰會，得總持之印，獨曜瑩珠，習徒迷眞，橘枳變體，竟成《壇經》傳宗，優劣詳矣。」〔註228〕神會門下在《壇經》中添加些傳宗的內容，抬高神會的地位，但並沒有改變《壇經》的基本精神。〔註229〕

　　從達摩到弘忍，中國禪的理論基礎，始終不離般若學與心性說，而後隨著因緣時節，演變出以《楞伽經》傳法與《金剛經》傳法之別。惠能思想的基本理論是佛性論，其佛性論的思想融攝了般若的實相說，它是以非有非無的不二之性來闡釋佛性，它將自心佛性、眾生與佛同歸於人們的當下之心，并以眾生當下之心的念念無無著爲解脫成佛道。它突顯出生佛不二、「即心即佛」，〔註230〕把自心的迷悟作爲凡聖的唯一區別，主張「但用此心直了成佛」，〔註231〕「識心

〔註226〕《高僧傳三集》卷八〈唐荊州當陽山度門寺神秀傳〉，頁196～197。
〔註227〕《大正藏》第五十一卷，頁437～438。
〔註228〕《全唐文》卷七百十五（大化書局印行，76年3月初版），頁3301。
〔註229〕洪修平《中國禪宗的形成與發展》，頁340。
〔註230〕宗寶本《檀經‧機緣品》，《中國佛教思想資料選編》頁50〈僧法海〉條下。
〔註231〕宗寶本《檀經‧行由品》，《中國佛教思想資料選編》頁31。

見性自成佛道」。〔註232〕惠能所理解的心與性，均不離人們當下的心念，因此在
惠能看來，所謂的佛性是唯有情才具有的，他曾明言「無情無佛種」。〔註233〕
他在解釋「一行三昧」時說：

> 一行三昧者，於一切時中，行住坐臥，常行直心，……但行直心，
> 於一切法，無有執著，名一行三昧。迷人著法相，執一行三昧，直
> 言坐不動，除妄不起心，即是一行三昧。若如是，此法同無情，卻
> 是障道因緣。〔註234〕

慧能以不起執著之心爲直心，把常行直心爲修行解脫之本，表明他是循著四
祖道信的思想傾向，發揮的是《文殊說般若經》的「一行三昧」義。但惠能
沒囿於經義，進一步提出，若坐禪入定，使心念停頓滯流，是障道因緣，因
爲道須流通，心不住法即流通，住即被縛。〔註235〕一般認爲，「無相」、「無念」、
「無住」是惠能禪學的概況，惠能在解釋此「三無」時無說：

> 善知識，我此法門，從上以來，頓漸皆立無念爲宗，無相爲體，無
> 住爲本。何名爲相？無相者於相而離相，無念者於念而不念，無住
> 者爲人之本。念念不住，前念今念後念，念念相續，無有斷絕，若
> 一念斷絕，法身即是離色身。念念時中，於一切法上無住，一念若
> 住，念念即住，名繫縛。於一切上，念念不住，即無縛也，此是以
> 無住爲本。善知識，但離一切相，是無相，但能離相，性體清淨，
> 此是以無相爲體。於一切境上不染，名爲無念，於自念上離境，不
> 於法上生念。若百物不思，念盡除卻，一念斷即死，別處受生。學
> 道者，用心，莫不思法意，自錯尚可，更勸他人迷，不自見迷，又
> 謗經法，是以立無念爲宗。即緣迷人於境上有念，念上便起邪見，
> 一切塵勞妄今，從此而生。然此教門立無念爲宗，世人離見，不起
> 於念，若無有念，無念亦不立。無者無何事，念者念何物？無者離
> 二相諸塵，念者念眞如本性。眞如是念之體，念是眞如之用。自性
> 起念，雖見聞覺知，不染萬境，而常自在。〔註236〕

慧能南宗的「無念」與神秀北宗的「離念」，是有別的。神秀是依《起信論》

〔註232〕敦煌本《壇經》第三十節，《中國佛教思想資料選編》頁 15。
〔註233〕敦煌本《壇經》第四十八節，《中國佛教思想資料選編》頁 26。
〔註234〕敦煌本《壇經》第十四節，《中國佛教思想資料選編》頁 9。
〔註235〕同前註。
〔註236〕敦煌本《壇經》第十七節，《中國佛教思想資料選編》頁 9～10。

而說「心體離念即是覺」，惠能則以實相論來會通心性論，直指當前一念本來解脫自在。惠能的頓悟說，亦有其創見處。他說：「善知識，法無頓漸，人有利鈍，迷即漸契，悟人頓修，自識本心，自見本性，悟即元無差別，不悟即長劫輪迴。」〔註237〕惠能主張自性自悟，頓悟頓修，所以不立一切法，亦無漸次。〔註238〕惠能所謂的頓悟頓修，實際上是無「法」可修，悟般若法，行般若行。〔註239〕惠能把迷悟歸之於當前一念，人心不思，本源空寂，離卻邪見，心地常自開佛知見。智惠觀照，自開佛知見。〔註240〕所以惠能多次強調，法無頓漸，頓漸在機，頓漸法只是因人根機不同而立的假名，關鍵仍在人們自心的迷悟不同。這與北宗禪法基於「清淨心」提出「時時勤拂拭」而後「悟在須臾」的修行觀，大爲不同。關於惠能頓悟說的特色，洪修平在《禪宗思想的形成與發展》一文中說：

> 惠能基於當下之心的頓悟說的特點，還體現在悟與所悟的內涵上。
> 在惠能以前，無論是小頓悟，還是大頓悟，說的都是悟理得意。……
> 從思維途徑來看，菩提達摩的禪法所主張的「與道冥符」，與這種智
> 理相契的頓悟說比較接近，其前提是有「道」可符，有理可悟。而
> 惠能卻獨闢蹊徑，他的頓悟說是不分能悟、所悟的，能所皆統一於
> 當下之心。……頓悟就是眞了心性，就是自識本心，自見本性，於
> 自心頓現眞如本性，也就是自心內照，開佛知見。一切都是圓滿具
> 足的自心自性之顯現。〔註241〕

惠能認爲，只要悟自性，便無戒、定、慧可立。〔註242〕且說：「今生若悟頓教門，悟即眼前見世尊；若欲修行云覓佛，不知何處欲求眞。」〔註243〕根據上述思想，惠能對讀經、出家、坐禪等都有其獨到的見解。對於讀經，他說：

> 一切經書，及諸文字，大小二乘，十二部經，皆因人置，因智惠性
> 故，故然能建立。若無世人，一切萬法，本元不有，故知萬法本因
> 人興。〔註244〕

〔註237〕敦煌本《壇經》第十六節，《中國佛教思想資料選編》頁9。
〔註238〕宗寶本《壇經・頓漸品》，《中國佛教思想資料選編》頁59僧志誠條下。
〔註239〕敦煌本《壇經》第二十六節，《中國佛教思想資料選編》頁14。
〔註240〕敦煌本《壇經》第四十節，《中國佛教思想資料選編》頁22。
〔註241〕洪修平《中國禪宗思想的形成與發展》，頁414。
〔註242〕敦煌本《壇經》第四十一節，《中國佛教思想資料選編》頁21。
〔註243〕敦煌本《壇經》第五十三節，《中國佛教思想資料選編》頁29～30。
〔註244〕敦煌本《壇經》第三十節，《中國佛教思想資料選編》頁15。

惠能認為，三世諸佛及十二部經，亦在人性中，本自具有。〔註245〕但惠能並不排斥經教。據僧史記載，誦《法華經》七年的法達初聽惠能教誨，曾問：「若然者，但得解義，不勞誦經耶？」惠能答曰：「經有何過，豈障汝念？只為迷悟在人，損益由汝。」然後為法達說「心迷法華轉，心悟轉法華」的偈頌。法達從此領旨後，亦不輟誦持。〔註246〕對於出家，惠能說：

> 善知識，若欲修行，在家亦得，不由在寺。在寺不修，如西方人惡之人，在家若修行，如東方人修善，但願自家修清淨，即是西方。
> 〔註247〕

在惠能之前，佛教的修行雖不乏居士，然在家修行有其不便處，所以修行者大抵以出家眾為主。經過惠能的破除執著，使禪宗的修行不拘形式，參禪者遠離鄉曲，腳行天下，學無常師，遍歷為尚。這有助於禪宗傳播的擴大，並且是晚唐五代五家宗派建立的重要因素。對於坐禪，惠能說：

> 何名坐禪？此法門中，一切無礙，外於一切境界上念不起為坐，見本性不亂為禪。何名為禪定？外離相曰禪，內不亂曰定。外若著相，內心即亂；外若離相，內性不亂。本性自淨自定，只緣境觸，觸即亂。離相不亂即定，外離相即禪，內不亂即定；外禪內定，故名禪定。〔註248〕

禪宗的東土五祖，都不排斥坐禪，到了惠能明確提出「禪非坐臥」，他根據離相無念為識心見性、頓悟成佛的思想，把禪定融入於行住坐臥中。他強調「坐禪元不著心，亦不著淨，亦不言不動」，〔註249〕要念念自淨其心，〔註250〕於念念中自見本性清淨，〔註251〕如此修行方得見性成佛。當志誠說到神秀常教人「住心看淨，常坐不臥」時，惠能說：「住心觀淨，是病非禪，常坐拘身，於理何益？」並作偈一首：「生來坐不臥，死去臥不坐，一具臭骨頭，何為立功課？」〔註252〕惠能對坐禪的看法，體現在他在回答薛簡的話中：

〔註245〕敦煌本《壇經》第三十一節，《中國佛教思想資料選編》頁16。
〔註246〕《五燈會元》卷二〈洪州法達禪師〉，頁38。
〔註247〕敦煌本《壇經》第三十六節，《中國佛教思想資料選編》頁19。
〔註248〕敦煌本《壇經》第十九節，《中國佛教思想資料選編》頁10～11。
〔註249〕敦煌本《壇經》第十四節，《中國佛教思想資料選編》頁9。另見敦煌本《壇經》第十八節，《中國佛教思想資料選編》頁10。
〔註250〕宗寶本《壇經·懺悔品》，《中國佛教思想資料選編》頁46。
〔註251〕宗寶本《壇經·坐禪品》，《中國佛教思想資料選編》頁45。
〔註252〕宗寶本《壇經·頓漸品》，《中國佛教思想資料選編》頁58。

> 薛簡問惠能：「京師禪德皆云，欲得會道，必須坐禪習定，若不因禪
> 定而得解脫者，未之有也。未審師所說法如何？」惠能答曰：「道由
> 心悟，豈在坐也。」〔註523〕

惠能強調，悟在自心，不在坐臥。《壇經》中有一則事跡，更詳細地記載著惠能對禪定的看法：

> 禪者智隍，……庵居長坐，積二十年。師弟子玄策，……造庵問云：
> 「汝在此作什麼？」隍曰：「入定。」策云：「汝云入定，爲有心入
> 耶？無心入耶？若無心入者，一切無情草木瓦石，應合得定。若有
> 心入者，一切有情含識之流，亦應得定。」隍曰：「我正入定時，不
> 見有有無之心。」策云：「不見有有無之心，即是常定，何有出入？
> 若有出入，即非大定。」隍無對，良久問曰：「師嗣誰耶？」策云：
> 「我師曹溪六祖。」隍云：「六祖以何爲禪定？」策云：「我師所說
> 妙湛圓寂，體用如如，五陰本空，六塵非有，不出不入，不定不亂，
> 禪性無住，離住禪寂，禪性無生，離生禪想，心如虛空，亦無虛空
> 之量。」隍聞是說，徑來謁師。師問云：「仁者何來？」隍具述前緣。
> 師云：「誠如所言，汝但心如虛空，應用無礙，動靜無心，凡聖情忘，
> 能所俱泯，性相如如，無不定時也。」隍於是大悟。〔註254〕

惠能這種禪定的看法，顯然是般若無所得思想在禪觀的體現。南北禪宗雖都主張心性本覺，但對心性作了不同的解釋，因此對「定慧等」的內容就大不相同。在神秀那裡，有所謂：「二乘有定無慧，有慧無定。」而且，要入定慧雙攝的正定，必須經過觀心看淨的漸次修行。至於惠能對定、慧的見解，《壇經》中說：

> 善知識，我此法門，以定惠爲本。第一勿迷言定惠別，定惠體一不
> 二。即定是惠體，即惠是定用，即惠之時定在惠，即定之時惠在定。
> 善知識，此義即是定惠等。學道之人作意，莫言：「先定發慧，先惠
> 發定，定惠各別。」作此見者，法有二相，口說善，心不善，定惠
> 不等。心口俱善，內外一種，定惠即等。〔註255〕

惠能所強調的「定惠等」，是以人們當下念念無住的本覺心爲依持，因此他將禪定融於行住坐臥日常生活中。根據「不假外修但於自心令見本性常起正見

〔註523〕宗寶本《壇經·護法品》，《中國佛教思想資料選編》頁61。
〔註254〕宗寶本《壇經·機緣品》，《中國佛教思想資料選編》頁56。
〔註255〕敦煌本《壇經》第十三節，《中國佛教思想資料選編》頁8～9。

即是悟」的修行觀，惠能對弘忍的「識心自度」提出新的發揮，并把菩提達
摩的「藉教悟宗」發展為「藉師自悟」。惠能在開法時說：

> 教是先聖所傳，不是惠能自知。願聞先聖教者，各須淨心。聞了願
> 自除迷，……菩提般若之知，世人本自有之，即緣心迷，不能自悟，
> 須求大善知識示道見性。〔註256〕

中國禪宗自東山法門而始成，至惠能門下而大盛，惠能本是弘忍眾多的弟子
之一，由於他倡導一種「識心見性、頓悟成佛」的簡便法門而使禪宗得到了
極大的普及，乃至天下「言禪者，皆本曹溪」，惠能禪也就成為中國禪宗的正
宗。惠能禪主要流傳於中國南方，惠能的弟子神會又以菩提達摩「南天竺一
乘宗」正傳自稱，而不許神秀的弟子普寂禪師「妄稱南宗」，惠能禪便獲得了
「南宗」的稱號，與之對立而主要流行於中國北方的神秀一系，則被稱之為
「北宗」。

三、南能北秀之分化

弘忍去世後，他的弟子分頭弘化，在把東山法門傳向全國的同時，禪宗
內部也蘊釀著分化，逐漸形成了不同的派系。其中影響較大而現今又可考者
有法如系（在安徽省、河南）、神秀系（由荊州而入兩京）、惠能系（在廣東
曹溪）、智詵系（在四川）等。起初，不同的派系只是由於因人因地的施化設
教之不同而在禪法與禪風上略顯差異，各派之間雖都標榜真傳，但門戶之見
並不深，法統之爭尚不明顯，「一代只許一人」之說尚未出現。神秀還曾多次
向武則天和唐中宗舉薦過惠能。〔註257〕這種各系相互並存的情況直到神會入
洛才發生變化。

弘忍的上首弟子之一法如（638～689），在弘忍去世後曾享有極高的聲
譽，據嚴挺之的〈大唐故大智禪師碑銘並序〉〔註258〕所記，神秀的大弟子義
福與普寂都是先尋法如，因法如遷化才改投神秀門下。裴漼所撰的〈少林寺
碑〉則將法如譽為「定門之首」。〔註259〕據《傳法寶記》載，法如幼隨舅任灃
陽，因事青布明為師，年十九出家，博窮經論，遊方求道。後投東山弘忍門

〔註256〕敦煌本《壇經》第十二節，《中國佛教思想資料選編》頁8。
〔註257〕事見《曹溪大師別傳》及《宋高僧傳》卷八〈惠能傳〉、〈神秀傳〉。
〔註258〕《金石萃編》卷八十一，並見於《全唐文》卷二八○。與李邕的〈大照禪師
塔〉，《全唐文》卷二六二。
〔註259〕《全唐文》卷第二七九，頁1269下。

下，奉持十六載，弘忍死後，先在淮南，後北遊中岳，垂拱二年（686 年），
四海標領僧眾集少林精舍，請開禪法。學侶日廣，千里向會，於永昌元年（689
年）七月寂然坐化，春秋五十有二。〔註260〕

　　從現在僅有的資料來看，法如的禪法仍然沿襲了達摩以來融會《楞伽》
與《般若》的思想傾向。並保持了早期禪宗的素樸禪風。〈唐中岳沙門釋法如
禪師行狀〉中述說，法如來到弘忍門下：

> 稽請畢已，祖師默辯先機，即授其道，開佛密意，頓入一乘。數緣
> 非緣，二種者盡，到清涼池，入空寂舍，可謂不動真際而知萬象者
> 也。……後居少林寺，處眾三年，人不知其高，所以守本全樸，棄
> 世浮榮。廉讓之德，賢士之靈也。外藏名器，內冶玄功，遮几之道，
> 高遁之風也。對問辭簡，窮精入微，出有之計，解空之圍也。〔註261〕

法如的禪法不重口說而重心行，這與惠能禪的禪修途徑是相一致的。《壇經》中
說：「迷人口念，智者心行。」惠能禪強調的是自性般若，因此，心所行的是無
相之般若行。法如的禪法也是講頓悟的，他所頓悟的實際上也是本來清淨的自
心。法如受弘忍傳授即「頓入一乘」，他在少林寺開禪要「眾皆屈申臂頃，便得
本心。」〔註262〕由此可見，惠能南宗所發揮的「頓悟心性」說，其實是當時弘
忍門下所共有的禪法，並非如南宗人所說的那樣，為他們所特有。〔註263〕

　　法如去世後，〈法如行狀〉記述其師承曰：「菩提達摩……入魏傳可，可
傳粲、粲傳信、信傳忍、忍傳如。」這裡肯定了弘忍傳法於法如的事實。作
於開元十三年（725 年）的〈珪和尚幢〉在述李元珪之師承時也說：「自達摩
入魏，首傳慧可，可傳粲，粲傳信，信傳忍，忍傳如，至和尚凡歷七代，皆
為法主，累世一時。」李元珪卒於公元七一六年，其時神秀的地位及名聲均
已大大超過了法如，李元珪儘管在法如歿後曾在神秀門下住過，但碑中仍明
言其為法如門下，這只能說當時「六祖」尚未成定說。〔註264〕據《傳法寶紀》
載，法如臨終前曾留下遺訓，要他的弟子「而今已後，當往荊州玉泉寺秀禪
師下咨稟」。〔註265〕

〔註260〕柳田聖山《初期禪宗史書的研究》，頁 567。
〔註261〕《全唐文拾遺》卷六十七，大化書局出版《全唐文及其拾遺》頁 4995～4996。
〔註262〕《全唐文及其拾遺》，頁 4996 上。
〔註263〕洪修平《中國禪宗思想的形成與發展》，頁 226。
〔註264〕前引書，頁 228。
〔註265〕柳田聖山《初期禪宗史書的研究》，頁 568。

荊州玉泉寺神秀禪師（606～706），是眾所公認的弘忍的大弟子。少覽經史，博綜多聞。既而奮志出塵，剃染受法」。〔註266〕他「老莊玄旨，《書》《易》大義，三乘經論，四分律儀，說通訓詁」，無不精通。〔註267〕後投弘忍門下，「決心苦節，以樵汲自役而求其道」，〔註268〕服勤六年，不捨晝夜。弘忍嘆曰：「東山之法，盡在秀矣」。弘忍卒後，神秀住當陽玉泉寺，四海緇徒，向風而靡。久視年中（700），武則天詔請神秀入京，親加跪禮，內道場豐其供施，時時問道。洎中宗孝和帝即位，尤加寵重，「遂推為兩京法主，三帝國師」。〔註269〕

神龍二年（706），神秀圓寂，諡為大通禪師。是年，弘忍的另一個大弟子老安受召入京，三年後辭歸嵩岳。〔註270〕而神秀的另一個同門玄賾則於景龍二年（708）應中宗召請而入西京，「便於東都廣開禪法」。〔註271〕神秀的大弟子普寂與義福也曾先後入京，受到王公士庶的禮遇，並為朝野所重。〔註272〕

神秀、老安等禪師先後被迎入京城，受到帝室的禮遇，但並沒有排斥在南方傳法的惠能一系。據記載，神秀與老安等都曾介紹過自己的弟子去從惠能修學，並向帝室舉薦過惠能。唐中宗〈召曹溪惠能入京御札〉云：

> 朕請安、秀禪師宮中供養，萬機之暇，每究一乘。二師並推讓云：「南
> 方有能禪師，密受忍大師衣法，可就彼問。」〔註273〕

從作於神會北上挑起南北宗之爭以前的《傳法寶紀》與《楞伽師資記》中我們可以看到，無論是法如門下，還是玄賾門下，對神秀的地位都是公認的。玄賾的門下淨覺將神秀、老安與其師並列於弘忍之後，並引玄賾《楞伽人法志》云：「時荊州神秀禪師，伏膺高執，親受咐囑，」並記弘忍臨終囑玄賾：「吾涅槃後，汝與神秀，當以佛日再暉。」而據神會所說，「普寂禪師為秀和上豎碑銘，立秀和上為第六代。今修《法寶紀》，又立如禪師為第六代。」〔註274〕這些記載都表明，在南北宗分化以前，弘忍門下各派系是相互容忍並存的。以上記載都提到神秀而沒有提到惠能，是因為神秀在京城聲名大振，而惠能其本身有自知之

〔註266〕《高僧傳三集》卷八〈神秀傳〉，頁195。
〔註267〕張說〈唐玉泉寺大通禪師碑〉，《中國佛教思想資料選編》第四卷，頁351。
〔註268〕《高僧傳三集》卷八〈神秀傳〉，頁196。
〔註269〕張說〈唐玉泉寺大通禪師碑〉，《中國佛教思想資料選編》頁351。
〔註270〕《景德傳燈錄》卷四，《大正藏》第五十一卷，頁231。
〔註271〕淨覺《楞伽師資記·原序》，《中國佛教思想資料選編》第四卷，頁150。
〔註272〕《景德傳燈錄》卷四〈神秀傳〉，頁34。
〔註273〕《全唐文》卷十七，頁87。
〔註274〕胡適校定本《菩提達摩南宗定是非論》，《大藏經補編》第二十五冊，頁66。

明，但爲一方人物，遵師說弘化嶺南，婉拒帝室的詔請。所以史載：「能大師滅後二十年中，曹溪頓旨，沉廢於荊吳；嵩岳漸門，熾盛於秦洛」。〔註275〕

出自弘忍門下的智詵（609～702），其禪法亦偏重般若的無所得思想，以「無憶、無念、莫妄」爲禪要，時人稱爲頓教門。智詵傳處寂（648～734），處寂門下有淨眾寺無相（680～756），無相以下有保唐寺無住（714～774）。據《歷代法寶記》載，智詵曾以「生則有欲」的回答，獲得武則天的倍加敬重，至武后且把惠能處拿來的達摩祖師傳信架裟賜予之，此後智詵門下便「嫡嫡相傳付授」這一「表其法正令後學者有其稟承」的法衣。〔註276〕

自神會於開元八年（720）傳惠能禪法於北土以後，「六祖」之爭便在惠能系與神秀系之間激烈地展開了。據《宋高僧傳》中所記：

> 釋神會，……居曹溪數載，後遍尋名跡。開元八年，敕配住南陽龍興寺。續於洛陽大行禪法，聲彩發揮。先是兩京之間皆宗神秀，若不淰之魚鮪附沼龍也。從見會明心六祖之風，蕩其漸修之道矣。南北二宗時始判焉。致普寂之門盈而後虛。〔註277〕

荷澤宗的開祖神會禪師，俗姓高，湖北襄陽人。童年從師學五經，能通幽賾，次學老莊，後覽《後漢書》知有佛教，無仕意投顥元法師出家。其博覽經論，又通律儀，但不貪講貫。〔註278〕曾在荊州玉泉寺，時神秀、慧能兩師會下諸弟子互爲毀謗，秀門生謗惠能無學，神秀戒誨諸大眾須往曹溪質疑。據《六祖大師法寶壇經》〈頓漸品第八〉云：

> 時祖師（惠能）居曹溪寶林，神秀大師在荊南玉泉寺，於時兩宗盛化，人皆稱南能北秀，故有南北二宗頓漸之分，而學者莫知宗趣。
> 師（惠能）謂眾曰：「法本一宗，人有南北，法即一種，見有遲疾。何名頓漸？法無頓漸，人有利頓，故名頓漸。然秀之徒眾，往往譏南宗祖師，不識一字，有何所長？」秀曰：「他得無師之智，深悟上乘，吾不如也。且吾師五祖，親傳衣法，豈徒然哉。吾恨不能遠去親近，虛受國恩，汝等諸人勿滯於此，可往曹溪參決。」〔註279〕

神會聞嶺表曹溪惠能禪師盛陽法道，學者駿奔，乃學善財南方參問，居曹溪

〔註275〕宗密《圓覺經大疏鈔》卷三之下，《卍續藏經》第十四冊，頁277。
〔註276〕《大正藏》第五十一卷，頁184。
〔註277〕《高僧傳三集》卷第八，頁199。
〔註278〕《高僧傳三集》卷八〈神秀傳〉，頁199。
〔註279〕《中國佛教思想資料選編》第四卷，頁57。

數載，後遍尋名跡。〔註280〕到江西青原山參行思，〔註281〕繼至西京受戒。景龍年中（707～709 年），回到曹溪參問，惠能謂其：「向去有把茆蓋頭，也只成個知解宗徒。」先天二年（713 年）七月一日，惠能在新州國恩寺向徒眾示寂時，法海等聞，悉皆涕泣。惟有神會，神情不動，亦無涕泣。惠能云：「神會小師，卻得善與不善等，毀譽不動，哀樂不生，餘者不得。」〔註282〕開元八年（720 年），敕配住南陽龍興寺，聲譽日隆，太守王弼與王維曾來問法。

神會在南陽傳惠能的頓教法門，並開始對弘忍傳法付衣於惠能之事大加宣揚。神會主張：「從上以來，一代只許一人，終無有二。終有千萬學徒，只許一人承後。」〔註283〕在神會咄咄逼人的攻勢下，在嵩洛地區頗有根基的神秀門下當然不甘示弱，於是有普寂禪師嵩山豎建碑銘，立七祖堂，修《法寶紀》，排七代數，但不見著能禪師等一系列的活動。〔註284〕這顯然是對神會攻勢的反應。爲了進一步確立惠能的六祖地位，開元二十二年（734 年）正月十五日，神會在滑台大雲寺設無遮大會，與「兩京名播，海外知聞」的山東崇遠法師進行了一場關於南北禪宗是非邪正的大辯論。神會自云不爲功德，而「爲天下學道者辨其是非，爲天下學道者定其宗旨」，公開指責神秀一系「傳承是傍，法門是漸」，認爲「從上已來，具有相傳付囑。……唐朝忍禪師在東山將袈裟付囑與能禪師。經今六代。內傳法契，以印證心。外傳袈裟，以定宗旨。從上相傳，一一皆與達摩袈裟爲信。其袈今見在韶州，更不與人。……忍禪師無傳授付囑在秀禪師處，縱使後得道果，亦不許充爲第六代」。神會同時指出：「秀禪師教人凝心入定，住心看淨，起心外照，攝心內證。……我六代大師一一皆言單刀直入，直了見性，不言皆漸。」〔註285〕自此以後，頓漸門下，相見如仇敵的局面逐漸形成。

據《南宗定是非論》，神秀在日，便已有「南能北秀」之稱。在滑台大會上，「南宗」成爲惠能系禪宗的專用名稱。崇遠法師問：「何故不許普寂禪師稱爲南宗？」（神會）和上答：「爲秀和上在日，天下學道者號此二大師爲『南能北秀』，天下知聞。因此號，遂有南北兩宗。普寂禪師實是玉泉學徒，實不

〔註280〕《高僧傳三集》卷八，頁 199。
〔註281〕《景德傳燈錄》卷五，宋版高麗本，頁 45。
〔註282〕《六祖大師法寶壇經》，《中國佛教思想資料選編》，頁 63。
〔註283〕胡適校定本《菩提達摩南宗定是非》，《大藏經補編》第二十五冊，頁 64。
〔註284〕前引書，頁 64。
〔註285〕前引書，頁 64。

到韶州。今口妄稱南宗，所以不許。」〔註286〕

　　滑台大會後，南北宗之間爭奪嫡系的抗爭愈加激烈，雙方不但立碑作記、論師定祖，而且都借助於政治勢力來抬高自己，甚至不惜將對方置於死地。據宗密的記載，神會在滑台會後，「便有難起，開法不得」，甚至「三度幾恐。商旅縗服，曾易服執秤負歸，百種艱難」。後來，神會得到兵部侍郎宋鼎的支持，天寶四年（745 年），兵部侍郎宋鼎，請入東都荷澤寺，於是曹溪了義，大播於洛陽。〔註287〕據《歷代法寶記》〈無相傳〉云：

> 東京荷澤寺神會和上，每月作壇場，爲人說法，破清淨禪，立如來禪。立知見立言說，爲戒定惠，不破言說。云：「正說之時即是戒，正說之時即是定，正說之時即是惠。」說無念法立見性。〔註288〕

神會來到洛陽這一北宗活動的中心不久，又「於洛陽荷澤寺，崇樹能之眞堂，兵部侍郎宋鼎爲碑焉。會序宗脈，從如來下西域諸祖外，震旦凡六祖，盡圖繪其影。太尉房琯作〈六葉圖序〉。」〔註289〕天寶八年（749 年），神會在荷澤寺又楷定南宗的宗旨，而非斥北宗。〔註290〕神會通過宋鼎、房琯等人而聲名大振，致使普寂之門盈而後虛。

　　當神會大弘曹溪頓教之時，普寂其門下亦針鋒相對地採取一系列行動。開元二十四年（736 年）義福普寂而立的碑文中說：「禪師法輪，始自天竺達摩。大教東流，三百餘年，獨稱東山學門也。自可、璨、信、忍、至大通，遞相印囑。大通之傳付者河東普寂與禪師二人，即東山繼德，七代於茲矣。」〔註291〕這是對神會於滑台定宗旨的一個回應。不久，李邕所作的〈嵩岳寺碑〉再次強調弘忍傳法於神秀，「秀鍾於今和尚寂」。勢力連天的北宗門下並不就此罷休。「天寶中，御史盧奕阿比於寂，誣奏會聚徒，疑萌不利。玄宗召赴京，時駕幸昭應，湯池得對，言理允愜。敕移往均部。二年，敕徙荊州開元寺般若院住焉。」〔註292〕神會終於被趕出了洛陽。據宗密所記，則神會在不到二年的時間裡先後移住了四處：「天寶十二年，被譖聚眾，敕黜弋陽郡，又移武

〔註286〕前引書，頁 64。
〔註287〕《圓覺經大疏鈔》卷三之下，《卍續藏經》第十四冊，頁 553～554。
〔註288〕《大正藏》第五十二卷，頁 185。
〔註289〕《高僧傳三集》卷八〈惠能傳〉，頁 193。
〔註290〕《歷代法寶記》〈無相傳〉，《大正藏》第五十一卷，頁 185。
〔註291〕《金石萃編》卷八十一〈大唐故大智禪師碑銘並序〉。
〔註292〕《高僧傳三集》卷八〈神會傳〉，頁 199。

當郡。至十三載，恩命量移襄州。至七月，又敕移荆州開元寺。皆北宗門下之所（毀）也。」〔註293〕安史之亂起，兩京淪陷。次年，郭子儀收復兩京，但唐王朝財政困難，於是便在各大府置戒壇度僧，收香水錢以助軍需，而神會則被推出來主持此事。據《宋高僧傳》卷八〈神會傳〉云：「所獲財帛，頓支軍費。代宗、郭子儀收復兩京，會之濟用，頗有力焉」。〔註294〕這樣，神會爲唐王朝立了功勞，受到了帝室的重視。「肅宗皇帝詔入內供養。敕將作大匠，並功齊力，爲造禪宇於荷澤寺中。」〔註295〕不久，神會病死，敕賜祖堂額，塔額，謚眞宗。「貞元十二年（796年），敕皇太子集諸禪師，楷定禪門宗旨，遂立神會禪師爲第七祖。」〔註296〕自此，南北宗之爭告一段落。此後，南宗得到了較快的發展，北宗則日趨消沉。據劉禹錫〈大唐曹溪第六祖大鑒禪師第二碑〉云：「元和十一年某月日，詔書追褒曹溪第六祖能公，謚曰大鑒。」〔註297〕另據柳宗元〈曹溪大鑒禪師碑〉云：「其說具在，今布天下，凡言禪，皆本曹溪。」〔註298〕柳宗元、劉禹錫這些作於公元九世紀初的碑文，反映了惠能南宗禪在當時的盛行。

安史亂起，北禪宗受到嚴重的波及，然仍綿延發展有百年之久。北宗門人獨孤及於大曆七年（772年）所作的〈舒州山谷寺覺寂塔隋故鏡智禪師碑銘並序〉中說：「忍公傳惠能、神秀。能公退而老曹溪，其嗣無聞焉，秀公傳普寂，寂公之門徒萬人，升堂者六十有三，得自在慧者一，曰弘正。正公之廊廡，龍象又倍焉，或化嵩洛，或之荆吳。自是心教之被於世也，與六籍俟盛。」〔註299〕此碑作於神會圓寂後不久，獨孤及無視神會系的存在卻對普寂門下的興盛大加誇張。直到唐文宗開成年間（836～840），仍有北宗僧人活躍於嵩洛地區。據《宋高僧傳》卷九〈崇珪傳〉載：「開成元年（836年），贊皇公（李德裕）攝冢宰，請珪於洛龍興寺化徒。兩京緇白往來問道，檀施交駢。其所談法，宗秀之提倡，獲益明心者多矣。」〔註300〕這證明宗密在《中華傳心地

〔註293〕《圓覺經大疏鈔》卷三之下，《卍續藏經》第十四冊，頁553。
〔註294〕《高僧傳三集》，頁200。
〔註295〕同前註。
〔註296〕《圓覺經大疏鈔》卷三之下，《卍續藏經》第十四冊，頁555。
〔註297〕劉禹錫《大唐曹溪第六祖大鑒禪師第二碑》，《中國佛教思想資料選編》第四卷，頁373。
〔註298〕《中國佛教資料選編》第四卷，頁355。
〔註299〕《全唐文》卷三九〇，頁1783。
〔註300〕《高僧傳三集》卷九〈崇珪傳〉，頁238。

禪門師資承襲圖》中所說的「秀及老安、智詵，道德最著，……子孫承嗣，至今不絕。」〔註301〕是符合實際情況的。關於南禪宗興起而北宗轉趨末落，洪修平在《禪宗思想的形成與發展》一文中云：

> 需要指出的是惠能禪得以在北方取代神秀系的北宗而流行，是由惠能禪的特點以及當時的社會歷史狀況等多種原因決定的。神會固然在這中間起了巨大的推動作用，但這種作用並不是唯一的或決定性的。同時，南宗的興起並不就是北宗的滅亡。史實表明，安史之亂以後，北宗仍然綿延發展了百年之久。……武宗滅法（845年）以後，以寺院為主要依托的北宗禪才完全衰落下去，而最終同樣走上了依附帝室道路的神會系自此也一蹶不振。唐末五代繁興起來的南宗禪是保持山林佛教特色的江西馬祖與湖南石頭門下。〔註302〕

總之，佛教初傳中土，民間因其具有巫神色彩而予與容受，乃漸傳入士夫與王公階層。漢魏以迄兩晉之際，隨著佛典的不斷傳譯，而有義學傳習的風氣，中國學人也漸能領會印度佛教的精義。中國人在佛學的造詣方面，戒、定、慧三學以慧學先行，在南北朝時期受玄學影響，義學風氣熾盛，待陳朝時慧思、智者師弟依據經教創一心三觀，乃驗諸論所云「由定生慧」之言不虛，兩師乃為南北習禪者之所宗。而達摩禪法在初傳時，即被盛宏講授的南方學人所譏謗，致使神慧可也因之受害，僧璨、道信避世而山居，開了山林講學的風氣，形成了所謂的「東山法門」。形成了一股力量，道宣親見此輩禪僧「排小捨大、獨見一家、攝濟住持、居然乖僻」，然此時學界盛行依教的「實相禪法」，而訛此「教外別傳」的宗門為「無知之叟」。對於定學在中國之所以能有所進展，太虛大師在《中國佛學》書中說：

> 從梵僧來化，及能領受佛學之中國士夫思想等的因緣和合，而成為當時習尚禪定的佛學，並奠定了二千年來中國佛學的基礎。在當時的傳習上，也曾有過重於律儀，如法明的弟子法度，曾以小乘律行化，雖有少數人學，但終不能通行。復傳習過總總分析辯論，如毗曇、成實、中論、唯識、因明等，而士君子亦覺得不能握其簡要，故不甚昌盛。所以說中國元有之士習尚所致。因為若抽去此士夫思

〔註301〕《中國佛教思想資料選編》第二卷，頁460。
〔註302〕洪修平，《中國禪宗思想的形成與發展》，頁236。

想關係，僅由敬崇梵僧則變成神咒感應之信仰，或成爲樂著分析辯
論之學術。比如西藏原沒有文化，故成爲神咒佛教。南洋氣候生活
接近印度，故易重律儀。而中國則在其玄簡士習中，成爲精緻之禪
風，這就是中國佛學之特質在禪的原因。〔註303〕

中國能容受印度學說，乃至自創門戶，實有諸多因素促成。但佛教傳入中國，
國人由現實中體會出「不依國主佛法難存」，不得士夫欣受難以宏傳，不得民眾
皈信其法不廣，所以佛法在傳播中因時因地因士民之習性，而有不同層次的方
便教法呈現。即由小乘教法轉趨大乘教法，由大乘教觀走向「悟心自度」，這實
基於國人深切瞭解戒、定、慧三學之眞實義趣。在三學之中，國人也領會佛教
的本質在「禪」，由禪生慧，這也爲達摩的宗門禪提供了進階。此外，「禪的發
展，起初也是依經教而修的，至達摩東來，才成爲獨立的禪宗。」〔註304〕頓悟
禪的獨立宗門，亦以中國當時已富有超教頓悟的風氣爲增上緣助成。〔註305〕在
宗門禪興起前，佛教中人羅什、佛馱跋陀羅、道生、慧遠、保誌、傅翕、慧思、
杜順、寒山等人，「或依經論教義提出簡單扼要的玄旨，或別出不依經律論義乃
至非言語文字所能及的風格」，〔註306〕都彷彿爲宗門禪的發展灑下了一些助
因。自「悟心成佛禪」以下，皆爲宗門禪，詳見《祖堂集》、《景德傳燈錄》、《五
燈會元》、《傳法正宗記》、《宗統編年》、《指月錄》等書。佛佛祖祖相傳，各有
一首傳法偈，而釋迦在靈山拈花、迦葉微笑的公案，古來禪師爲免後人起疑，
亦只好答係出自達摩口傳。〔註307〕宗門禪傳到道信、弘忍因廣接群品，門風已
立。以楞伽印心的法門，因《楞伽經》名相繁細，學者易流入分別，待到慧能
乃提倡《金剛經》，宗門禪到慧能始巍然卓立。〔註308〕另慧能帶給中國佛教界
的生命力是「定慧等」說，從此中國佛教與印度佛教的發展分道揚鑣，且南宗
學人也漸把禪那與天台宗徒所專注的止觀融匯成宗門禪。〔註309〕而弘忍上足神
秀且得帝室仰重，得以在京師、衡嶽行化，宗門禪在神秀、慧能兩系的大力弘
傳下，逐漸傳播開來，爲人所信受，也引起頓、漸與法統付囑之爭訐。「從曹溪

〔註303〕《太虛大師全集》〈法藏～佛法總學（三）〉，553。
〔註304〕前引書，頁565。
〔註305〕前引書，頁566。
〔註306〕前引書，頁566～569。
〔註307〕前引書，頁565～566。
〔註308〕前引書，頁582。
〔註309〕鈴木大拙〈禪：敬答胡適博士〉，《禪宗的歷史與文化》頁98。

慧能（638～713年），四傳到懷海（720～814年），百餘年間禪徒只以道相授受，
多岩居穴處，或寄住律宗寺院。到了唐貞元、元和間（785～806年），禪宗日
盛，宗匠常聚徒多人於一處，修禪辦道。」〔註310〕時馬祖道一、石頭希遷的道
法，為時人所仰重，禪侶奔湊。「自馬祖建叢林，百丈立清規以後，禪眾有如法
依處，禪宗遂卓焉興立。」〔註311〕至於禪宗中有關南北、頓漸問題，《壇經》
上說：「法即一宗，人有南北，因此便立南北。何以漸頓，法即一種，見有遲疾，
見遲即漸，見疾即頓。法無漸頓，人有利鈍，故名漸頓。」〔註312〕這說明南北
禪宗初時僅就教法流行的區域而區別，而漸、頓僅就見道的過程來區分，並沒
有像後世南宗學徒那樣「軒輊南北、抑揚漸頓」。〔註313〕後因神會出世，質疑
神秀的法統與教法，中國學人沒能遵行佛陀教訓以默擯去對待有「惡性比丘」
傾向的神會，而反與之定是非，使國人漸認為南宗教法實有優於北宗之處。安
史亂後，依王室士夫的北宗禪受波及，聲勢漸衰。而南宗則因神會對朝廷有功，
漸見重於士夫階層，唐德宗貞元十二年（796年）朝廷正式立神會為七祖，法
統之爭大致底定。從此慧能會下的學人，都自我標榜為禪宗正統。而神秀系下
的道法受到波及，普寂之門由盈而衰。慧能門下得法者眾，以荷澤、南嶽、青
原為主流。荷澤神會唱「本知」，門下出宗密護持「即體即用」、直顯心性的法
門，并欲和會教下與宗門，但其傳不廣。後世真正得到發展的，反是唱導作用
見性的南嶽與青原系。唐武宗滅法後，由南嶽下出溈仰、臨濟，青原下出曹洞、
雲門、法眼，是為五宗，出現了所謂的「越祖分燈禪」。達摩的宗門禪，經義學
詆毀、教下的譏誚，但因依教修心禪的先行，禪法漸為時人所容受，安史之亂
與會昌法難致使教下與北宗式微，南宗經得起晚唐離亂的考驗，在相較下顯得
比其他教系波瀾壯闊。

〔註310〕林子青〈叢林〉，《中國佛教總論（二）人物與儀軌》，頁335。
〔註311〕《太虛大師全集》，頁599。
〔註312〕敦煌本《壇經》，《中國佛教思想資料選編》第四卷，頁21。另可參考《六祖
　　　　大師法寶壇經》〈頓漸品第八〉，《中國佛教思想資料選編》第四卷，頁57。
〔註313〕黃懺華〈法寶壇經〉，《中國佛教》（四），頁34。

第三章　禪宗的興起與會昌法難

　　佛教東來，迄隋唐時代，已承先賢五、六百年的苦心鑽研，中國人理解佛法漸深，能融會印度學說，闡發義理，自立門戶，蔚成了宗派。佛教的興盛，產生了政教間的情結，政教衝突屢起。安史亂起，佛教在北方受到摧殘，依寺院生存的教下諸宗以及在北方活動的北禪宗，聲勢驟減，而南禪宗因助朝廷有功漸受禮重。禪宗內部法統之爭極其濃厚，山頭林立，名家輩出，逐漸演變成南嶽及其弟子馬祖的江西禪、青原及其弟子石頭的湖南禪兩大潮流。會昌廢佛，典籍湮滅極為嚴重，教下諸宗除淨土宗因其信仰已普遍根植民間之外，他宗則日趨衰落，唯有教外別傳、不重律儀的南禪宗仍有廣大的發展空間，持續在民間流傳。南禪宗僧家們的行持，也逐漸能獲得帝室及藩鎮王公的仰重、護持，其傳播、聲勢日益擴大，消融了北禪宗的法運。會昌以下的禪宗中國化愈深，當時禪師們雖本著從上宗風，但為證法身而機用大行，「作用見性」的施設經輾轉相傳與融匯，到了晚唐逐漸形成了五家不同風格的宗派。茲分隋唐佛教盛況、王法與佛法、會昌法難以及會昌法難下的僧行等四節，來探討教下諸宗的衰弱、禪宗在法難下的僧行，以及晚唐五代間形成的禪門五宗與會昌法難下僧侶的關係。

第一節　隋唐佛教之盛況

　　當佛法初傳中土不久，就逢漢末三國人心厭惡離亂、談玄風氣之蔚起，故小乘法「人空法有」之論，適與此玄風相交匯。下至魏晉之際，大乘佛法「性空」、「相空」之經論繼入，「以道論佛」，激盪而生佛、道之論難。東晉

後，佛教揚棄「以道論佛」，而「以佛論道」，迄隋唐大乘佛法盛行，宗派思想相繼形成。而中國禪學的發展，正與教理的研習相呼應，習禪之人漸多。

宇文周統一北朝（578 年）後三年（581 年），爲隋所取代，又八年（589年）隋滅南朝陳而統一。隋代立國雖短（581～618 年），但隨著政治的統一，佛教亦綜合南（偏重玄談）、北（偏重禪觀）體系，各家師說有折衷趨勢，新的教學與宗派因而成立。〔註1〕時北方有地論之慧遠（523～592 年）、攝論師曇遷（542～607 年）及三階教之信行（541～594 年）；南方則有天台宗之智顗及三論宗之吉藏（549～623 年）；三論宗之勢力尤爲龐大，金陵、會稽、荊襄、長安、蜀地皆見名僧弘化。〔註2〕至於一般佛徒之信仰和行持，則因隋文帝偏重定門，習禪風氣大開，修懺、造像、咒願、持律、齋會頗盛；民間除淨土崇拜外，有在家眾組成之「義邑」，又有貴族、達官或在家眾和僧尼組成之「法社」；義邑中人重視往生淨土，法社中人則重視禪定。〔註3〕隋代文帝與煬帝二君三十七年中，雖有寺三千九百八十五所，度僧尼二十三萬六千二百人，譯經達八十二部之多。〔註4〕但全國的寺廟和僧尼數都不及北周的十分之一，但隋朝造寺已偏重禪門，對禪宗的發展甚有利益。

唐代立國，仰仗佛教之處頗多，因此亟重視佛教之整頓和運作。〔註5〕太宗貞觀十九年（645 年），玄奘（595～664 年）從印度攜帶梵本六百五十七部回長安，朝廷爲其組織大規模之譯場，予佛教界深遠影響，慈恩、律宗相繼成立。慈恩宗一稱法相宗，又稱唯識宗。印度佛教從西漢末傳入中土，直到唐初數百年間，眞正能夠傳譯印度學說本來面目的，要算慈恩宗。玄奘傳戒賢之學，揉合天竺唯識十大論師之精義，折衷於《成唯識論》，傳於窺基（631～682 年）。窺基弘揚師說，有百疏論主之稱，深爲道俗所欽服。窺基門下慧沼（650～714 年）廓清異說，奠定了慈恩宗之基石，其弟子智周（668～723年），僅能守成，活動僅在河南。此後這派勢力式微，傳承不明，論作零星。

〔註1〕 呂澂《中國佛學源流略講》（臺灣里仁書局印行，民國 74 年 1 月），頁 169。
另見任繼愈〈禪宗哲學思想略論〉，《漢唐佛教思想論集》，頁 128。
〔註2〕 黃懺華〈隋代佛教〉，《中國佛教總論》（臺灣木鐸出版社印行，民國 72 年元月初版），頁 55。
〔註3〕 同前註。
〔註4〕 釋道世《法苑珠林》卷一百二十〈興福部〉（臺灣商務印書館，民國 60 年 8月），頁 1428 上。
〔註5〕 參見李樹桐〈唐代的政教關係〉，《唐史新論》（臺灣中華書局印行，民國 61年 4 月）頁 166～211。

〔註6〕玄宗朝重視後天教化、重視修持的玄奘系統，致使口談虛玄、行為不羈的三論宗僧侶流向江南，而漸為禪門所吸收。

另律宗是以研習及傳持戒律為主之宗派。中國約在東晉，戒律才逐漸完備。六朝時，華北地區採行《僧祇律》，江南則盛行《十誦律》。姚奏時，佛陀耶舍、竺佛念譯出《四分律》後，經法聰、道覆、慧光（468〜537 年）之研習弘通，纔逐漸盛行。迄唐代，道宣（586〜667 年）繼承慧光到智首（567〜635 年）之系統，專事《四分律》之宣揚，在理論上吸收玄奘新譯之佛典尤其是唯識學，組織律宗體系，其所立之宗派人稱「南山宗」。同時宣揚《四分律》的，有相州日光寺法礪（569〜635）所創之「相部宗」及西太原寺懷素（625〜698）創立之「東塔宗」；三家對於戒體，疊有爭論；嗣後，相部、東塔兩系式微，祇有南山一系傳承獨盛。〔註7〕而禪門一向輕視律儀，乃為教下所輕垢，然至神秀受武后禮重入京，北宗禪僧漸唱「戒定并重」，以利教化。

武后證聖二年（697 年），新譯之八十卷《華嚴》告成，由賢首國師法藏（643〜713 年）集大成之賢首宗隨之成立。〔註8〕法藏依八十《華嚴》，以判釋如來一代時教，為小、始、終、頓、圓五教。其後澄觀（736〜838 年）廣造疏鈔，於《華嚴經》之微言大義闡發無餘，本宗尊為四祖，但又受神會門下無名之心印。迄五祖宗密（779〜841 年）則兼揚禪風，開禪、教合一之說。華嚴宗除了與北宗禪有密切關係之外，亦與南宗禪有所融合。據杜繼文、魏道儒《中國禪宗通史》〈神會的宗脈與流向〉一文中云：

> 荷澤系中于後世名聲最大的一支，是磁州（河北磁縣）法如（或名智如，723〜811），據《禪門師資承襲圖》，智如傳益州南印，南印傳遂州（四川遂寧）道圓，道圓傳宗密，形成禪宗與華嚴宗匯流的一派。……另據《景德傳燈錄》，神會有弟子五台山無名禪師，再傳至五台山華嚴澄觀大師；澄觀為宗密的華嚴宗師，遂成禪宗與華嚴宗匯流的多層次關係。〔註9〕

玄宗朝（712〜756）雖曾一度沙汰僧尼，清理佛教，但因善無畏（637〜735）、金剛智（662〜732）入唐傳密法，迄不空（705〜774），由於講求現世之救濟，

〔註6〕呂澂《中國佛學源流略講》，頁 199。
〔註7〕黃懺華〈律宗〉，《中國佛教總論》，頁 296〜298。
〔註8〕《佛祖統紀》卷三十九，頁 690〜691。
〔註9〕杜繼文、魏道儒著《中國禪宗通史》，頁 148。

能夠即身成佛，得帝王護持，爲玄宗、肅宗、代宗三代之帝師。不空在宮廷弘傳密法，且盡力將密教傳給社會，因此南至廣州，北至武威、太原，乃至五台山皆見密教之弘化。其弟子青龍寺惠果（746～805）集善無畏、金剛智、不空以來純正密教傳統於一身。〔註10〕

佛教發展迄玄宗朝，寺院數量達五千三百五十八所，僧七萬五千五百二十四人，尼五萬五百七十六人。〔註11〕宗派勢力既盛，僧侶繫屬各宗，時至壁壘森嚴。澄觀（738～839）嘗受學於天台湛然（711～782），後華嚴宗人推爲四祖，天台宗之爲叛徒。江浙一帶寺院，多屬天台宗。五台山因澄觀故，爲華嚴宗之聖地，後又經密教信徒併力經營，寺院繁多。至於三階教，入唐後在長安發展活絡，雖屢遭迫害，仍潛藏他宗寺院中活動。〔註12〕

上述教下各宗，大抵祇流行於官廷和上層知識份子間，其向民眾傳播，并帶有更濃厚宗教色彩的是依三經（《觀無量壽經》、《阿彌陀經》、《無量壽經》）、一論（《往生淨土論》）立宗之淨土信仰。隋以前有法曠（327～402）、慧遠（333～416）、曇鸞（476～542）；隋以後有道綽（562～645）、善導（613～681）、慧日（680～748）、承遠（712～802）、法照、大行、少康（？～805）諸師相次輩出，弘傳他力「稱名唸佛」法門。民間不獨造立彌陀佛像，且流通「極樂變相」之製作，淨土信仰亦及士大夫階層如白居易。〔註13〕因受初唐教學勃興影響，淨土思想亦普遍爲人所鑽研，教下諸師多有淨土之論作。〔註14〕又宗密《圓覺經大疏鈔》第三下云，弘忍門下的宣什，唱南山念佛門禪宗一派。而敦煌出土的《歷代法寶記》中載，弘忍門下智詵之法孫無相，亦以引聲念佛之法接引學人。可見五祖弘忍門下亦流行一種淨土信仰。

淨土信仰之外，漸迎合時代需求者，當屬於禪宗。達摩禪到四祖道信（580～651）而隆盛，又經弘忍（601～674）、神秀（？～706）和慧能（638～713）先後弘揚，禪宗成爲中國佛教之主流，天台、華嚴、唯識均有匯歸於禪之趨勢。

〔註10〕金岡秀友著、許洋生譯《密教思想的形成》，佛教思想第二冊，頁92～96。

〔註11〕歐陽修《新唐書》卷四十八〈百官志〉崇玄署條（《正史全文標校讀本》，臺灣鼎文書局印行，民國69年3月初版），頁1252。

〔註12〕林子青〈三階教〉，《中國佛教總論》，頁373。

〔註13〕《白居易集》卷七十〈畫彌勒上生幀讚與繡西方幀讚〉，頁1475；另見同書卷七十一〈畫西方幀記與畫彌勒上生幀記〉，頁1496～1498。（臺灣漢京文化事業有限公司印行，民國73年3月初版）

〔註14〕望月信亨作、釋印海譯《中國淨土理教史》，頁165～172。（慧日講堂出版，63年3月初版）

弘忍門下神秀從「漸悟」入，弘忍歿後，住江陵當陽玉泉山修道，武后召入東都供養，中宗尤加禮重，有兩京法主、三帝國師之稱。其弟子普寂（651～739）、義福（658～736）相繼住持，盛極一時。而慧能從「頓門」入，直指自性，離相無念，爲達摩禪中國化開闢新路。慧能門下南岳懷讓（677～744）、青原行思（？～740）弘化南方，荷澤神會（687～713）弘化北方，成效卓著。會昌法難後，江南幾乎全屬青原門下石頭希遷（699～790）與南岳門下馬祖道一（709～788）之法系，形成五家七宗。此外，還有四祖會下金陵之牛頭宗、五祖會下的嵩嶽之老安禪、資州的南詵禪以及益州的保唐宗。〔註15〕諸宗禪風各有特色，分別接機，皆稱別傳。從初唐至盛唐，北宗在京洛之地，氣勢如虹。孤峰智璨在《中印禪宗史》書中云：

> 北宗在唐代，以東西兩京爲中心，以兩京附近之嵩山、終南山與五臺山等爲根據地，自初唐中約一百年間，法運昌隆。當時東部以建康爲中心的牛頭宗亦頗鼎盛。再向南方有韶州曹山，新州國恩寺六祖門下，與北方兩京神秀會下形成三方鼎立，各自發揚禪法。由於南北二宗宗義不同，故有南頓北漸之説。此二宗宗風有異，由於中國南北兩方固有思想文化不同而形成。〔註16〕

及自盛唐中，荷澤神會、光宅慧忠先後於洛陽、長安揭示禪要，北南兩宗爭勝，北宗逐漸衰微。據宗密《中華心地禪門師資承襲圖》中云：

> 裴休相國問：「禪法大行，宗徒各異，互相詆訛，莫肯會同。切要辨其源流，知其深淺。……南宗中，荷澤宗、洪州、牛頭等宗，具言其深淺頓漸得失之要，便爲終身龜鏡也。休再拜。」宗密禪師答：「然達摩所傳，本無二法，後隨人變故，似殊途。……今且敍師資旁正，然後述言教深淺，自然見達摩之心流至荷澤矣。……其南北二宗，自出於五祖門下，五祖已前都未有南北之稱。北宗者，從五祖下旁出，謂有神秀等一十人，同是五祖忍大師弟子。……然中秀及老安、智詵道德最著，皆爲高宗皇帝之所師敬。子孫承嗣，至今不絕。就中，秀弟子普寂化緣轉盛，爲二京法主，三帝門師。……南宗者，即曹溪能大師，受達摩言旨以來，累代衣法相傳之本宗也。……荷澤宗者全是曹溪之法，無別教旨。爲對洪州旁出故，復標其宗號。……

〔註15〕孤峰智璨著、釋印海譯《中印禪宗史》，頁118～133。
〔註16〕前引書，頁127。

能和尚滅度後，北宗漸教大行，因成頓門弘傳之障。曹溪傳授碑文已被磨換故，二十年中宗教沉隱。天寶初，荷澤入洛，大播斯門，方顯秀門下師承是旁，法門是漸。既二宗雙行，時人欲揀其異故，標南北之名，自此而始。……故德宗皇帝，貞元十二年，敕皇太子集諸禪師，楷定禪門宗旨，搜求傳法旁正。遂有敕下，立荷澤大師爲第七祖，内神龍寺見在銘記。……有禪師，姓馬，名道一。……先是劍南金和尚弟子，高節至道，遊方頭陀，隨處坐禪。乃至南嶽，遇讓禪師，論量宗教，理不及讓，方知傳衣付法曹溪爲嫡，乃迴心遵稟，便住處州洪州。或山或郭，廣開供養，接引道流。後於洪州開元寺，弘傳讓之言旨，故時人稱爲洪州宗也。」〔註17〕

由宗密文中，可知初唐時道信、弘忍樹立東山法門，其門徒堪爲一方人物不下於十人，當中神秀一系在北地大弘漸教，法運涵蓋整個盛唐。而慧能一系，化緣嶺南，慕名者不遠千里前來問法，荷澤得法印，天寶年間在洛陽大弘頓門，致使南北兩宗雙行，并且宗徒互相詆訛。安史之亂已後，北宗漸衰，下至德宗楷定禪門宗旨，搜求傳法旁正，立神會爲七祖，北宗氣勢更弱。然北宗神秀、老安、智詵三派在會昌法難前，仍有法孫承嗣。

第二節　王法與佛法

在印度史上，曾有一段「教先於政」的婆羅門獨尊時期，後來隨著社會的變遷，王族與資產家抬頭，婆羅門階級漸衰，促成了自由的革新思想。〔註18〕在西元前六世紀以後的三世紀間，有兩宗教系統從印度教分離而獨立，那就是耆那教（Jainsim）與佛教，兩者皆不承認吠陀經典的權威。〔註19〕其開祖皆出身於王族，當時國王對沙門仍相當禮敬。〔註20〕佛教以革除階級不平等、打破種姓制度而興起，建立一享有高度自治的僧團，僧侶們以「六和敬」爲共住原則，以戒律開遮爲行事準則，除非犯下涉及危害國家安全的重罪，否則僧團有權依戒律處置。〔註21〕由於印度政治缺乏大一統，佛教在此情況下有甚大且自

〔註17〕《中國佛教思想資料選編》第二卷，頁459～461。
〔註18〕《印度佛教史概説》，頁10。
〔註19〕《東方諸宗教》第三章〈印度教和種姓制度〉，頁118。
〔註20〕《印度佛教史概説》，頁11。
〔註21〕塚本啓祥《初期佛教教團史的研究》，頁6～7（東京山喜房佛書林出版，昭和

由發展的空間。

　　佛教在中國能得到廣大群眾的信奉，得力於六度四攝的菩薩道，但是佛教的事業和觀念，在政治上卻須得國主的護持。此由劉宋文帝（424～453）與求那跋摩的問答可見端倪。據慧皎《高僧傳》卷三〈宋京師祇洹寺求那跋摩傳〉云：

　　　　（宋文帝）言曰：「弟子常欲持齋不殺，迫以身徇物，不獲從志，法師既不遠萬理，來化此國，將何以教之？」跋摩曰：「夫道在心，不在事，法由己，非由人，且帝王與匹夫所修各異，匹夫身踐名劣，言令不威，若不剋己苦躬，將何為用？帝王以四海為家，萬民為子，出一嘉言，則士民咸悅；布一善政，則人神以和；刑不夭命，役無勞力，則使風雨適時，寒暖應節，百穀滋繁，桑麻鬱茂；如此持齋，亦大矣！不殺亦眾矣！寧在闕半日之餐，全一禽之命，然後方為弘濟耶？」帝乃撫几歎曰：「夫俗人迷於遠理，沙門滯於近教，迷遠理者，謂至道虛說，滯近教者，則拘戀篇章；至如法師所言，真謂開悟明達，可與言天人之際矣。」〔註22〕

佛教東傳之時，中國不論是官僚體制或政治運作，已漸臻嚴密。當政者已久存「溥天之下，莫非王土；率土之濱，莫非王臣。」的大一統思想，君權日漸高漲，相權轉趨式微。〔註23〕當此之時，自然不允許另有一獨立於王法之外的團體存在。執政者稟持著初民「聖人以神道設教」的政治理念，將宗教管理納入國政之中，甚至不惜以「恩賞自上出」的觀念，限制及干涉僧團的運作，致使佛教的弘傳受到極大的阻礙。黃運喜先生在〈國法與戒律〉一文中說：

　　　　傳入中國後的佛教，由於氣候為冬寒夏熱的溫帶氣候、政治組織嚴密、儒家傳統觀念主導社會價值觀，如欲遵行如法如實的佛教戒律，將與國家法律及社會習慣發生衝突，而遭到許多困難，造成國法與戒律之間的兩難。政府為避免國法與戒律間歧異過大，造成僧侶的不便，於是有隋文帝大臣參照經文，抄錄有關佛禁約弟子之語，成

　　　　43年）。六和敬是指：身和共住、口和無諍、意和同事、戒和同修、見和同解、利和同均。

〔註22〕《高僧傳初集》，頁71～72。

〔註23〕雷家驥〈試論國史上的統治問題及其發展〉，《華學月刊》第一一四期（文化大學出版，70年6月）；另見同刊物第一二八期，頁36～51。

僧道管理的法源基礎，再配合國家法律及習慣，至唐代時以《僧道格》的特別法面貌出現。由於國家是最高權力的統治者，官方主導修訂的《道僧格》，在層次上高於僧團依律典而來的戒律，使僧團自主性降低，因官方主導修訂的《僧道格》，有政治考量的因素，往往犧牲戒律而牽就政治，致使國法與戒律之間有扞格衝突之處，造成僧侶行事的困擾，幸至中唐時，禪宗叢林制度出現，百丈懷海（720～814）制訂的清規中才得到解決。〔註24〕

在政、教衝突下，大多是統治者以政治力量，強制宗教就範，如隋煬帝即是創立了君主專制政治的宗教政策的典型，其後歷代君主，不論有德無德、有能無能，莫不亦步亦趨效法他的作爲。至於唐初佛教與唐政權的關係，明復法師在《中國僧官制度研究》書中說：

本來，唐初僧林之中人才鼎盛，各地寺院，物阜財豐，以之從事社會福祉之創造，遂使那時大兵之後的社會資生事業，大部份掌握到僧寺手中。而且有很多地方，寺院保有自衛武力，乃至地方政府被破壞後，他們竟代理官方綏撫災黎，救濟遺子。一時社會對僧寺的依仗，超過對唐政府的擁戴。因而唐室爲求發展，也就把僧寺視同一般割據的群雄，當作爭取民眾與資財的對手。法雅在這份工作上甘充貓腳爪，爲之火中取栗。而實際上大規模的推行者，還是唐太宗。……他登極之後，爲了安撫人心，雖曾撤銷了汰僧令，還在河北一帶創建十所大寺，爲國殤追福，但依舊不能無視佛寺僧尼在社會上經濟上對無限王權的妨礙。〔註25〕

由於佛寺僧尼在社會上、經濟上的力量，有礙王權的伸張，唐政府爲了穩固政權、方便管理僧團，曾制定種種法令及限制。這些限制，依黃運喜先生〈中國佛教法難研究〉一文的見解，有四項：一爲限制寺院及僧侶數量；二爲建立僧官制度；三爲建立「以官轄寺，以寺轄僧」制度；四爲繩之以世俗法律。〔註26〕這四項手段的推行，對中國佛教發展造成很大的傷害。

就「以官轄寺，以寺轄僧」制度而言，這個制度係建立於唐玄宗天寶六

〔註24〕黃運喜〈國法與戒律之間——唐代僧團令分析〉，《獅子吼雜誌》第三十一卷第十一、十二期合刊（松山寺發行，81年11月15日。）1。

〔註25〕釋明復《中國僧官制度研究》（明文書局印行，71年3月初版），頁55～56。

〔註26〕黃運喜〈中國佛教法難研究〉，《獅子吼雜誌》第二十四卷第五期（松山寺發行，74年5月15日），頁30～33。

載（747），其方法是運用度牒制度。〔註27〕在此之前，僧侶並非得依住寺院，隋朝爲清整佛教有道場的設置，自此起以度牒爲僧侶的身份証明，上註明德號、隸屬寺院，外出時應隨身攜帶，以備查驗。然後賦予寺院住持和尚與三綱長老無上的權力，僧侶的舉止均受節制，如須遊參，必須由住持或三綱長老開具，然後報告僧官，僧官再報告有司，頒給過所的公文或公驗後，才能行腳。僧人不得越級報告，否則將受罰，如釋圓仁《入唐求法巡禮行記》載南天竺三藏寶月在會昌元年六月十一日，趁皇上降誕日赴內道場，進表請歸本國，結果以不先諮開府，犯越官罪，故寶月弟子三人各決七棒，通事僧決十棒。〔註28〕

唐代所頒的律令，有多條文的施行，與僧團戒律牴觸，進而使僧團運作產生變質。如《唐律疏議》卷八〈衛禁〉謂：「諸私度關者，徒一年。越度者，加一等；已至越所而未度者，減五等。」〔註29〕本來僧侶遊方，是合乎戒律，有益修行的事，但在法令重重限制之下，僧侶行腳相當困難。玄奘要靠霜儉隨豐四出之便出關，迤往西陲，偷渡出境以求法；〔註30〕雖然，貞觀十八年（644）玄奘求法回國，道經于闐，尚須上表請求諒解私度之罪。〔註31〕鑑眞渡日，因被檢舉而數次功敗垂成；〔註32〕僧侶行腳過所須公文以外，出外仍要攜帶公驗。〔註33〕此外，政府對僧侶外宿日數亦受限制。「凡止民家，不過三夜；出踰宿者，立案連署，不過七日；路遠者，州縣給程。」〔註34〕大中九年（855）日僧圓珍在長安城外等候後至之僧侶，而店主則警告他：「何久住店中，不入城耶？……和上明日入城去好，若過明日將報官去。」〔註35〕

〔註27〕釋志磐《佛祖統紀》卷第四十，《佛教大藏經》第七五冊〈史傳部〉二（佛教出版社印行，67年3月），頁88上。

〔註28〕釋圓仁《入唐求法巡禮行記》卷第三（文海出版社印行，65年10月二版），頁86下～87上。

〔註29〕長孫無忌《唐律疏議》卷第八（弘文館出版社印行，75年3月初版），頁172～173。

〔註30〕《高僧傳二集》卷第四，頁89。

〔註31〕《高僧傳二集》卷第五，頁118。另見慧立《大慈恩寺三藏法師傳》卷九，頁251。

〔註32〕施無畏〈鑒眞傳〉，《中國佛教總論（二）》，頁213～219。

〔註33〕釋圓仁《入唐求法巡禮行記》卷三，頁95。另見王溥《唐會要》卷四十八（台北世界書局出版，71年12月），頁844。

〔註34〕歐陽修《新唐書》卷四十八（台北鼎文書局，68年12月），頁1252。

〔註35〕釋圓珍《行歷抄》，《大日本史料》第一編之一（東京大學史料編纂所，昭和

唐朝在玄宗時，除清整佛教，令拜父母，并規定僧侶午後不可出寺院。《舊唐書·五行志》云：「姚崇秉政，以僧惠範附太平亂政，令拜父母，午後不出院，其法頗峻。」〔註36〕此法似乎延用到晚唐。據《新唐書》〈賈島傳〉謂：「島字浪仙，范陽人，初為浮屠，名無本。來東都，時洛陽令禁僧午後不得出，島為詩自傷。」〔註37〕此外，不准僧侶別寺宿，外出不準犯鐘聲。據《入唐求法巡禮行記》〈會昌四年三月〉條下云：

> 功德使帖諸寺，准敕不許僧尼街裡行犯鐘聲。若有出者，事須諸寺
> 鐘聲未動已前，各歸本託。又不許別寺宿。若有僧尼街裡行犯鐘聲，
> 及向別寺宿經一夜者，科違敕罪。從前不許午後出寺，今不許犯鐘
> 聲。〔註38〕

由這些行事，足以證明佛法弘傳的阻礙與無奈。《唐律疏議》的立論，深受儒家禮教學說的影響。在儒家的倫理觀念中，極力維持上下、尊卑的名份，是為政者的要務，其表現在佛教僧團的管理上，是以準親屬關係加以規範，把印度「六和敬」式的僧團，轉變成符合宗法制度的中國式僧團。〔註39〕

《唐律疏議》卷十八〈盜賊〉謂：「諸造祅書及祅言者，絞。」其認定的標準是：「造，謂自造休咎及鬼神之言，妄說告凶，涉於不順者。」〔註40〕這個條文，在排佛者看來，佛經語錄無非也是妖書妖言，故對排佛者而言多了一項藉口。又同書卷六〈名例〉謂：「諸稱道士、女官者，僧、尼同。……觀寺部曲、奴婢於三綱，與主之期親同。」〔註41〕這個條文明示，僧侶犯姦盜，同凡人之法。這個條文的實施，和「以官轄寺，以寺轄僧」制度的配合，造成三綱執事和尚的莫大權威與寺院家庭化。剃度師的地位脫穎而出，地位在授戒師、傳法師之上，形成日後的子孫廟。由此可知，中國佛教無法如律而行，是有相當的歷史背景。

自晉代開始，政府對僧侶給與免除課役的權利，為求僧侶人數不致太多而影響國庫收入，故有僧籍制度的出現。在唐代負責僧籍管理者為祠部，「凡

---

43 年覆刻），頁 632。
〔註36〕《舊唐書》卷四十三（台北鼎文書局印行，68 年 12 月），頁 1374。
〔註37〕《新唐書》卷第一百七十六（台北鼎文書局印行，68 年 12 月），頁 1422。
〔註38〕釋圓仁《入唐求法巡禮行記》卷第四，頁 96。
〔註39〕黃運喜〈國法與戒律之間〉，《獅子吼雜誌》第三十一卷，頁 6。
〔註40〕長孫無忌《唐律疏議》卷第十八，頁 345。
〔註41〕同前書卷第六，頁 143～144。

道士、女道士、僧、尼之簿籍亦三年一造。」〔註 42〕在《唐律疏議》中規定私度入道罪，如卷第十二〈戶婚〉謂：「諸私入道及度之者，杖一百。已除貫者，徒一年。本貫主司及觀寺三綱知情者，與同罪。若犯法合出觀寺，經斷不還俗者，從私度法。即監臨之官，私輒度人者，一人杖一百，二人加一等。」〔註 43〕唐代各朝為清整佛教，常有揀擇僧侶，沙汰私度僧尼的詔令，此在一般奏則及文集中常見。

唐律令亦戒盜毀三寶物，如《唐律疏議》卷第十九〈賊盜〉謂：「諸盜毀天尊像、佛像者，徒三年。即道士、女官盜毀天尊像，僧、尼盜毀佛像者，加役流。真人、菩薩各減一等。盜而供養者，杖一百。」〔註 44〕有唐一代君主大抵例行佛事，也常隨己之好惡而沙汰沙門，甚至毀寺。君主的敕令常與此條文相矛盾，這也就是所謂的「法不及天子、恩賞自上出」的觀念與行事。但佛教在印度，佛教徒依戒律修行，有所謂「僧事僧斷」的行事。如《大毗婆沙論》謂：

> 問云：「若盜佛塔物，於誰處得根本業道？」答：「於國王、施主及守護人天處結罪。」有說：「於佛邊結罪，此物為佛攝受故。若盜亡僧物者，若已作羯磨，於羯磨眾處得；若未作羯磨者，普於一切善說法眾處得根本業道。」〔註 45〕

佛教在印度，盜佛物有由國王處結罪的說法。但按教界通常的說法是「僧事僧斷」，也就是以僧團大眾的意見和力量，來解決僧團大眾的各種事業，即靠羯磨行事。然佛教在中國流行時，卻常受政治力量的干預。唐高祖武德九年（626 年），傅奕七上疏請除佛法，帝以其疏付群臣雜議，後覽諸沙門議論，寤傅奕譽道毀佛，遂有兼汰兩教。五月下詔：

> 以沙門道士苟避征徭、不守戒律，而寺觀鄰接廛邸、溷雜屠酤，非所以為垂教。其僧道戒行虧闕者，並令罷道，精勤練行者，並就大寺、觀居止，供給衣食。京師留寺三所、觀一所，諸州各留一所，餘皆罷之。〔註 46〕

據釋道宣《集古今佛道論衡》卷丙所載：「敕行下，無敢抗言。五眾哀號，四

〔註 42〕《大唐六典》卷四，頁 46。
〔註 43〕《唐律疏議》卷第十二，頁 235。
〔註 44〕同前書卷第十九，頁 353。
〔註 45〕釋道誠《釋氏要覽》卷中，《大正藏》第五十四冊（台北新文豐書局印行，63 年 9 月出版），頁 289。
〔註 46〕《佛祖統紀》卷第三十九，《大藏經》第七十五冊，頁 677。

俗驚歎。」〔註47〕待到六月秦王李世民為皇太子，大赦天下，乃停前沙汰僧道詔。〔註48〕太宗時，對佛教的干涉及管制亦力。貞觀五年（631 年）正月，詔僧尼道士致敬父母。貞觀九年（635 年）十月，玄琬法師終於延興寺，遺表有云：「聖帝方尊事三寶・不應使沙門與百姓同科，乞今僧有過者，並付所屬之內律治之。」帝嘉納焉。十一月詔曰：

> 比緣喪亂僧徒減少，葦室寶塔窺戶無人，其令天下度僧尼三千人，
> 有司詳定，務取德業精明者以聞。僧徒有假託醫巫、左道惑眾，造
> 詣官曹屬致臟賄者，朕在情持護，必無寬貸。諸犯過者，宜令所司
> 準內律明為條律。〔註49〕

當時論佛道名位先後問題，貞觀十一年（637 年）太宗詔以老子在佛之先，而釋智實率京邑大德法常、慧淨、法琳等十餘人力爭，忤帝之旨意，帝怒杖釋智實於朝堂，除其釋籍流之嶺表而終。有譏其不量進退者，智實曰：「吾固知已行之詔不復回，所以力爭者，使後世知有僧耳。」〔註50〕貞觀二十年（646 年），太宗給蕭瑀的手詔，表明對佛教的態度。據《全唐文》卷八〈貶蕭瑀手詔〉云：

> 至於佛教，非意所遵。……而太子太保宋國公瑀，踐覆車之餘軌，
> 襲亡國之遺風。棄公就私，未明隱顯之際，身俗口道，莫辨邪正之
> 心。修累葉之映源，祈一躬之福本，上以違君主，下則扇習浮華。

〔註51〕

這篇詔書與北魏太武帝毀法詔所表露的意識略無二致，太宗之所以隱忍而未毀法者，除因信仰者眾外，復以明主以不擾民為本；且其本身心學問，旁及釋典，曾與義學僧接觸。〔註52〕最重要原因是，玄奘大師於貞觀十九年取經回國，其學問、事功、令譽、風儀，均足以欣動人君。正值太宗自征遼之後，氣力不如往昔，有憂生之慮，頗留心佛教。因此對佛教略有改變，並為玄奘親撰聖教序，並下敕京城及天下州寺各度僧五人，弘福寺五十人。計海內寺

〔註47〕《大藏經》第七十五冊，頁 499。
〔註48〕同註 46。
〔註49〕《佛祖統紀》卷第三九，《佛教大藏經》第七冊，頁 680。
〔註50〕同前註。另見《集古今佛道論衡》卷丙〈太宗下敕道先佛後僧等上諫事第四〉，《佛教大藏經》第七十冊，頁 500。
〔註51〕《全唐文及拾遺》（一），頁 36。另見《舊唐書》卷六十三〈蕭瑀傳〉，頁 2403～2404。
〔註52〕湯用彤《隋唐佛教史稿》，《現代佛學大系》二十六（彌勒出版社發行，73 年5 月），頁 12。

三千七百一十六所，計度僧及一萬八千五百餘人。乃至臨終前對玄奘言：「朕共師相逢晚，不得廣興佛事。」〔註53〕高宗爲太子時，即優禮玄奘法師，爲之作《述聖記》。〔註54〕國家主持譯場，宣譯者皆極其選，法門榮之。〔註55〕永徽六年（655），尚藥呂才作解毀謗玄奘所譯之《因明論》，高宗下旨令公卿學士領呂才，詣慈恩寺就法師禮悔。〔註56〕顯慶元年（656）五月玄奘法師上奏兩事，論「佛道先後」及「僧用俗法」，據《佛祖統記》卷第三十九云：

> 奘法師疾，師因附奏二事。一者，正（貞）觀以老子名位在佛先，曾面陳先帝，許從改正。二者，永徽初，敕僧有過情難知者，可同俗法相勘，邊遠官司動行枷杖，虧辱法門。上曰：「佛道名位，事在先朝，尚書平章。若僧用俗法，師遣停罷。」〔註57〕

李唐尊禮道教，有其政治目的。一者，傳說老子與李唐皇室同宗，裝飾門面。二者，佛教在社會上勢力頗大，有礙王室威權的伸張，并與達官顯宦之家的利益有所衝突，故思藉道抑佛。〔註58〕此由太宗與弘福寺主道懿的對答可窺知，據《佛祖統紀》卷第三九云：（太宗）謂寺主道懿曰：「朕頃以老子是朕先宗故，令居釋氏先，卿等能無憾乎？」對曰：「陛下尊祖宗降成式，詎敢有怨。」上曰：「佛老尊卑，通人自鑑，豈一時在上即以爲勝。朕宗自柱下，故先老子，凡有功德咸向釋門。往日所在戰場皆立佛寺，太原舊第亦以奉佛，初未嘗創立道觀。存心若此，卿等應知。」〔註59〕

太宗貞觀十七年，昌松縣鴻池谷出瑞石，有文：「太平天子李世民，千年太子李治，七佛八菩薩，上果佛田，天子文武，貞觀昌大聖延四方。」〔註60〕昌松石讖有鞏固太宗政權，以及仁王護國的意味。《佛祖統紀》卷第三十九〈貞觀十七年〉條下述曰：

> 高祖之順承天命也，以沙門景暉有預記，乃立像造寺建齋禁殺，遽遽然無敢後。一但感傅奕之妖言，遂欲以佛法爲無用而沙汰之，既而內

〔註53〕釋慧立《大唐大慈恩寺三藏法師傳》卷七，《大正藏》第五十卷，頁260。

〔註54〕《全唐文》卷十四，頁73。

〔註55〕《佛祖統紀》卷第三十九，《大藏經》第七十五冊，頁684。

〔註56〕同前註。

〔註57〕同前註。

〔註58〕參見黃運喜《會昌法難研究》（中國文化大學史學研究所碩士論文，民國76年元月），頁32。

〔註59〕《大藏經》第七十五冊，頁682。

〔註60〕同前註。

難卒發，詔以下而不行。太宗臨朝大弘斯化，鴻池瑞石讖文昭然。觀
其履朝譯經列聖教製序、建仁王之高座、注般若之眞乘、受戒講經問
道聽法、鑄像建刹試經度人，斯皆天性與能起於宿棄。誠知此道有助
國救世之功，爲修身治心之法，故能與孔孟之學並行而不悖也。至言
其歷代尊僧之禮，則於古爲尤異，故崇其位則不使稱臣，重其德則加
之爵秩，分亡物則悉依僧律，罰有過則唯棄内科，自非石讖所謂七佛
八菩薩之出應世間，焉能相繼崇尚之不絕乎。〔註61〕

高宗早年，對於佛教高僧頗爲護持，除禮敬玄奘法師之外，對於道宣、懷素
及奘師弟子窺基亦禮敬有加。道宣及窺基二師示寂後，下詔天下諸寺圖形塑
像，以爲模範。〔註62〕其對伽藍興建，亦不遺餘力。顯慶二年（657），且敕
僧道無得受父母尊長拜。〔註63〕然高宗之弘揚佛法，其層次仍留在住相布施，
冀求福佐。〔註64〕其因政策需求，而提攜道教，曾招僧道入宮議論。〔註65〕
並廣徵諸方道術之士，求長生藥。〔註66〕寵信葉法善，時招入禁内盡禮問道，
其人雅不喜浮屠法，常力詆毀，議者淺其好憎，但以術高或言陰助唐室有功，
得王室禮重。〔註67〕儀鳳三年（678），老君降於北邙山之清廟，高宗敕道士
隸宗正寺，班在諸王之次，令貢舉人兼通老子道德經。〔註68〕《佛祖統紀》
卷第三十九述曰：

自有佛以來，世稱佛老，立文爲次。吳闞澤稱道事天天事佛；隋李士
謙論三教優劣，謂佛日道月儒五星；魏收撰北魏佛老志，皆先僧而後
道。其義已定。太宗謂老子李姓道國之祖，遂令居佛上，違理失禮，
豈老子意邪？太宗明君亦有時而愚，乎至高宗以道士隸宗正，違理失
禮，其愚尤甚。爲厥後武宗尚道廢佛，皆二君教其愚也。〔註69〕

〔註61〕同前註。
〔註62〕《高僧傳三集》卷第四〈唐京兆大慈恩寺窺基傳〉，頁70及同書卷第十四〈唐
　　　京兆西明寺道宣傳〉，頁347。
〔註63〕《大藏經》第七十五冊，頁684。
〔註64〕黃運喜《會昌法難研究》，頁28。
〔註65〕《大藏經》第七十五冊，頁685。
〔註66〕劉昫《舊唐書》卷八十四〈郝處俊傳〉，頁2799。另見同書卷一九一〈方伎傳〉，
　　　頁5107及同書卷〈隱逸傳〉，頁5127。
〔註67〕《新唐書》卷第一百二十九〈方技傳〉，頁1571。
〔註68〕《佛祖統紀》卷第三十九，《佛教大藏經》第七十五冊，頁688。
〔註69〕同前註。

則天皇后時，朝廷特重佛法。載初二年（692），敕荊州神秀禪師入京行道。
〔註70〕自此禪宗勢力聞於全國。據《宋高僧傳》云：

> （弘）忍於上元中卒，秀乃往江陵當陽山居焉，四海緇徒嚮風而靡，
> 道譽馨香普蒙熏灼。則天太后聞之，召赴都，肩輿上殿，親加跪禮。
> 內道場豐其供施，時時問道，敕於昔住山置度門寺，以旌其德。時
> 王公以下，京邑士庶競至禮謁，望塵拜伏日有萬計。〔註71〕

天授二年（691），以釋教開革命之階，敕僧尼依舊立在道士女冠之上。〔註72〕
此詔下後，釋道兩教互想詆毀，朝廷遂於聖曆元年（698）下詔制止。〔註73〕
朝廷重視譯經事業，而以實叉難陀與菩提流支為最著。武后雖出身佛教世家，
但其對佛教亦政治目的大於宗教情懷。延載元年（694）敕天下僧尼由舊隸司
賓，改隸祠部。〔註74〕以佛教有護國救人福解扼之，據黃運喜《會昌法難研
究》〈會昌前各君主宗教信仰與政策〉文中云：

> 表面上，這次的改隸，是將奉行「示存異方之教」的作法，改為隸
> 屬國政的一部份，以示禮優。實質上，祠部所掌職責是「祠祀、享
> 祭、天文、漏刻、國忌、廟諱、卜筮、醫藥、僧尼之事」。可說是集
> 上古原始宗教信仰之大成，故此行動仍不出「聖人以神道設教」的
> 範圍。〔註75〕

雖然，武后頗能禮遇高僧如義淨、法藏等，但亦寵信劣僧薛懷義，以倡優蓄
之，并令洪弼州僧胡超合長生藥。〔註76〕其對僧人封爵、贈紫、賜夏臘等世
俗恩寵〔註77〕導致僧侶嘯傲王侯，僧品日趨低下，對於佛法實種下惡因。湯
用彤《隋唐佛教史稿》云：

> 然武后一朝，對於佛法，實大種惡因。自佛教大行於中國以後，有
> 高僧大德超出塵外，為天子之所不能臣。故慧遠不出虎溪，僧朗幽

〔註70〕《佛祖統紀》卷第三十九，《佛教大藏經》第七十五冊，頁689。
〔註71〕《高僧傳三集》卷第八〈唐荊州當陽山度門寺神秀傳〉，頁196。
〔註72〕宋敏求《唐大詔令集》卷一一三「釋教在道法之上制」（台北鼎文書局印行，
　　　61年4月），頁4。
〔註73〕前引書卷一一三〈條流佛道兩教制〉，頁4～5。
〔註74〕《佛教統紀》卷第三十九，《佛教大藏經》第七十五，頁689。
〔註75〕黃運喜《會昌法難研究》，頁30。
〔註76〕司馬光《資治通鑑》卷二〇六（台北世界出版社印行，68年5月八版），頁6546。
〔註77〕司馬光《資治通鑑》卷二〇二，頁6469。另見釋贊寧《大宋僧史略》卷下，
　　　頁251。

居金谷，即其論道朝堂，不拜王侯，自稱貧道者，代代有之。俗王
僧律，蓋甚泮然。武則天與奸僧結納，以白馬寺僧薛懷義爲新平道
行軍總管，封殺門法朗等九人爲縣公，賜紫袈裟龜袋，於是沙門封
爵賜紫始於此矣。……於是前此嘯傲王侯（如慧遠）、堅守所志（如
太宗請玄奘爲官不從）之風漸滅，僧徒人格漸至卑落矣。一時道士
亦慕僧家之本利，約佛教而爲業。時有道士杜乂者，求願爲僧，敕
許剃染，入佛授記寺，名玄嶷。又以其乍入法流，須居下位，乃敕
賜虛臘三十夏，俾可頓爲老成，因此賜夏臘始於此矣。帝王可干與
僧人之修持，而僧徒紀綱漸至破壞矣。〔註78〕

中宗、睿宗均崇信佛法，政策較爲放任，故佛教得以自由發展。中宗神龍元
年（705），詔天下試經度人。〔註79〕武后時未毀《老子化胡經》，致使兩教互
相詆毀，九月五日帝下詔曰：

朕叨居寶位，……爰及淄黃兼申懲勸。如聞天下諸道觀，皆畫化胡
成佛變相，僧寺亦畫元元之形，兩教尊容，二俱不可。敕到後，限
十日內並須除毀。若故留，仰當處官吏科違敕。其《化胡經》屢朝
明敕禁斷，今知在外仍頗流行，自今後，其諸部《化胡經》及諸記
錄有化胡事，並宜除削，若有蓄者，準敕科罪。〔註80〕

景龍三年（709），「詔律師道岸入宮爲妃主授歸戒，帝至諸師皆避席，道岸獨
長揖，帝高其操，命圖形於林光宮，爲之御讚。」〔註81〕中宗亦常幸佛寺行
香及設無遮大齋。〔註82〕

睿宗對佛道二教均不排斥。景雲元年（710），以高祖舊第興聖宮有柿樹
枯瘁歲久，至是忽重榮，因大赦天下，賜百官封爵，普度僧道三萬人。〔註83〕
景雲二年（711）下詔曰：「朕釋及元宗，理均跡異，拯人救俗，教別功齊。豈
於中間，妄生彼我，不遵善下之旨，相高無上之法，有殊聖教，頗失彝章。
自今每緣法事集會，僧侶、道士、女冠等，宜齊行並進。」〔註84〕前此，太

〔註78〕 湯用彤《隋唐佛教史稿》，《現代佛學大系》，頁21～22。
〔註79〕 《佛祖統紀》卷第四十，《佛教大藏經》第七十五冊，頁691。
〔註80〕 《全唐文》卷十七〈中宗二——禁化胡經敕〉，頁84。另見《冊府元龜》第五
十卷，頁19。
〔註81〕 前引書，頁1075。另見《佛祖統紀》卷第四十，前引書，頁693。
〔註82〕 劉昫《舊唐書》卷七〈中宗本紀〉，頁141～149。
〔註83〕 《佛祖統紀》卷第四十，《佛教大藏經》第七十五冊，頁694。
〔註84〕 釋念常《佛祖歷代通載》卷第十五，《大藏經》第七十五冊，頁1074。另見《全

宗以老子爲皇宗，升於釋氏之上，至則天朝，復在釋氏之下，今此以往遂爲
永式，令齊班並集。〔註85〕是年十月，右補闕辛替否上疏云：

> 太宗皇帝，……不多造寺觀而有福，不多度僧尼而無災，……中宗
> 皇帝，……造寺不止，費財貨者數百億，度人無窮，免租庸者數十
> 萬，所出日滋，所入日寡。奪百姓口中之食以養貪殘，剝萬人體上
> 之衣以塗土木，於是人怨神怒，眾叛親離，水旱並臻，公私俱罄，
> 國享不永，禍及其身。陛下何不懲而改之！〔註86〕

對於佛道不守清規，不如實修行，而妄稱功德，甚至坐擁不法田地與碾鎧等
情事。睿宗在其所下〈申勸禮俗敕〉中有所規禁：

> 眞如設教，理歸清淨；黃老垂範，道在希微。僧尼、道士、女冠之
> 流，並令修習眞寂，嚴持誠行，不得假託功德，擾亂閭閻，令州縣
> 嚴加檢察，私度之色，即宜禁斷。……寺觀廣占田地及水碾鎧，侵
> 損百姓，宜令州長官檢括。依令式以外，及官人百姓，將莊田宅舍
> 布施者，在京並令司農即收，外州給貧下課戶。……刺使縣令等，
> 各申明舊章，勉思撫輯，罷彫弊之務，歸淳厚之源，訓導黎蒸，宣
> 我朝化。〔註87〕

失天二年（713），敕採訪使王志愔，將諸郡無敕寺院拆毀。〔註88〕雖然，睿
宗的宗教政策，亦使得天下濫度僧尼、道士、女冠依舊，導致玄宗朝對佛教
的限制。

　　玄宗在藩時，即與道士往來，即位後更加寵信道士，並提高道教在政治
上的地位。對於佛教，則對密宗較爲禮遇。中宗以來，貴戚爭營佛寺，奏度
人爲僧，兼以僞妄，富戶強丁多削髮以避徭役，所在充滿。開元二年（714）
正月，姚崇上言：「佛圖澄不能存趙，鳩摩羅什不能存秦，齊襄、梁武未免禍
殃。但使蒼生安樂，即是福身；何用妄度姦人，使壞正法！」〔註89〕上從之，
命有司沙汰僧尼僞濫者萬二千人，並令還俗，敕百官勿得創寺，民間勿得鑄

　　唐文》卷一八〈睿宗皇帝——令僧道並行制〉，頁90～91。
〔註85〕　同前註。
〔註86〕　《資治通鑑》卷二百一十，頁6668。
〔註87〕　《全唐文》卷十九，頁93。
〔註88〕　《佛祖統紀》卷第四十，《佛教大藏經》第七十五冊，頁694。
〔註89〕　《資治通鑑》卷第二百一十一，頁6695。另見《唐會要》卷第四十七，頁836
　　　　～837。

佛寫經，須者就寺贖取。〔註90〕閏二月十三日敕：「自今已後，道士、女冠、僧尼等，並令拜父母。至於喪祀輕重，及尊屬禮數，一準常儀，庶能正此頹弊，用明典則。」〔註91〕四月，罷僧道致敬父母。〔註92〕

玄宗時，朝廷思考的問題，重點在如何定國安邦，如何教化百姓，對佛道不局限於個人的好憎，而常立足於國政上去考量王法與佛道間的問題。宋人釋志磐在所撰《佛祖統紀》卷第四十，談到僧道致敬問題時，述曰：

> 自晉成帝至隋煬，凡四詔沙門致敬王者。遠法師謂：「袈裟非朝宗之服。」瞻法師謂：「僧無敬俗之典。」遂寢其事。自唐太宗、明皇，凡二詔僧道致敬父母，即時停罷。然不聞當時以何爲議，豈不曰：「若稽之佛典，出家之士，尊居三寶，爲世福田，尚使父母反拜，豈當違佛制，而徇一時之立法。」停罷之議，不出此義。自明皇至我朝，無復爲此非議者矣。〔註93〕

佛教入中國，釋子大抵深切體認「不依國主佛法難存」，但若依俗法難免有違佛制之慨嘆。佛法之所以能夠弘傳，尚賴志行節操之高僧。《釋氏稽古略》卷第三記載一則玄宗問佛恩的話語：

> 開元二年，帝宣問左街僧錄神光法師曰：「佛於眾生有何恩德，致捨君親妻子而師事之。說若有理，朕當建立；說若無理，朕當削除。」神光曰：「佛於眾生，恩過天地，明踰日月，德重父母，義越君臣。」帝曰：「天地日月，具造化之功，父母君臣，具生成之德。何以言佛並過此乎？」光曰：「天能蓋不能載，地能載不能蓋，日則照晝不照夜，月則照夜不照晝，父能生不能養，母能養不能生，君有道則臣忠，君無道則臣佞。以此而推，德則不全。佛於眾生，恩則不爾。言蓋，則四生普覆；論載，則六道俱承；論明，則照耀十方；論朗，則光輝三有，論慈，則提拔苦海；論悲，則度脫幽冥；論聖，則聖中王；論神，則六通自在。所以存亡普救，貴賤皆攝。唯願陛下留心敬仰。」帝悅曰：「佛恩如此，非師莫宣，朕願回心生生敬仰。」〔註94〕

〔註90〕《佛祖統紀》卷第四十，《佛教大藏經》第七十五冊，頁694～6。
〔註91〕《唐會要》卷四十七，頁836。
〔註92〕《佛祖統紀》卷第四十，《佛教大藏經》第七十五冊，頁695。
〔註93〕同前註。
〔註94〕釋覺岸《釋氏稽古略》卷第三，《大正藏》第四十九卷，頁824。

帝知佛恩如此，效法阿育王以仁王護國，尊禮佛教，乃令僧道無拜父母。據
《全唐文》卷三十〈令僧尼無拜父母詔〉云：

> 道教釋教，其來一體，都忘彼我，不自貴高。近者道士、女冠，稱
> 臣子之禮，僧尼企踵，勤誠請之儀。以為佛初滅度，付囑國王，猥
> 當負荷。願在宣布，蓋欲崇其教而先於朕者也。自今已後，僧尼一
> 依道士、女冠例，無拜其父母。宣增修戒行，無違僧律，興行至道，
> 倬在於此。〔註95〕

當時百官家，多以僧尼道士等為門徒，妻子等無所避忌，或詭託禪觀，妄陳
惑福，事涉左道。七月十三日，下「禁百官與僧道往還制」，敕百官家不得輒
容僧尼等至家，緣吉凶等事須設齋者，皆于州縣陳牒寺觀。〔註96〕

　　玄宗對北禪宗及密宗高僧，甚為禮重。開元三年（715）八月，二詔普
寂禪師座下深通算數的僧一行入見；帝咨以安國撫民之道，及出世法要，稱
為天師，帝並問國祚如何。師如實答對；後又詔師造大衍曆，以開元十五年
九月寂。〔註97〕而普寂禪師當神秀歿後，中宗聞其高行，特下制令代神秀
統其法眾；開元十三年（725），有旨移居都城，時王公士庶爭來禮謁；師嚴
重少言，難見其和悅之容，遠近尤以此重之，以開元二十八年（740）入寂。
玄宗雖曾沙汰僧尼，但善無畏、金剛智、不空等傳入密教，有助政權的統治，
得朝廷仰重，促使密教一宗於茲為盛。〔註98〕

　　玄宗朝對三階教的打擊最大。三階教是隋代僧人信行（541～594）所創
立的教團，以苦行忍辱為宗旨，日唯吃一頓乞食，見人一概禮拜，竭力提倡
布施；唯念地藏菩薩，說一切佛是泥龕，一切眾生是真佛。這些宗旨與當時
佛教理論和行持，很不協調，乃屢受朝廷的禁止和各宗派的排擠。〔註99〕然
其徒既眾，蔓延彌廣，同習相黨，朋援繁多。武后證聖元年（695），下制定
為偽經及雜符籙；聖曆二年（699）敕，其有學三階者，唯得乞食、長齋、絕
穀、持戒、坐禪，此外輒行皆是違法。〔註100〕開元元年（713），玄宗對三階

〔註95〕《全唐文》卷三十，頁146。
〔註96〕《唐會要》卷四十九，頁860。另見《全唐文》卷二十，頁102。
〔註97〕《高僧傳三集》卷第五〈唐中嶽嵩陽寺一行傳〉，頁97～102。
〔註98〕《釋氏稽古略》卷第三〈玄宗——秘密教〉，《大正藏》第四十九卷，頁825
　　　　～826。
〔註99〕林子青「三階教」，《中國佛教總論》，頁371。
〔註100〕《開元釋教錄》卷第十八，《大正藏》第五十五冊，頁679。（新文豐出版公
　　　　司印行，71年2月）。

教所創設的無盡藏開始取締，禁止信徒施錢。〔註 101〕後又命以化度寺無盡藏的財物、田宅、六畜等，分散與京城觀寺，以修理破壞尊像及殿堂、橋樑，有餘歸化度寺常住所有。〔註 102〕開元十三年（725）六月三日，敕諸寺三階院除去隔障，使與大院相通，眾僧錯居不得別住，所行集錄悉禁斷除毀；若綱維縱其行化誘人，而不糾者勒還俗。〔註 103〕

玄宗對於佛教，表面上像似清整，實質上管制得極爲嚴苛。開元「十二年（724）六月二十六日，敕有司試天下僧尼年六十以下者，限誦二百紙經，每一年限誦七十三紙，三年一試，落者還俗，不得以坐禪對策義試；而諸寺三綱統，則宜入大寺院。」〔註 104〕開元十五年（727）以後，玄宗對僧政管理日趨嚴密。是年下「敕天下村坊佛堂，小者并拆除之，功德移入近寺，堂大者皆令封閉，公私望風，凡大屋大像亦被殘毀。」〔註 105〕開元十七年（729）敕天下僧尼三歲一造籍。〔註 106〕開元十九年（731）六月二十八日，敕曰：「朕先知僧徒至弊，故預塞其源，不度人來尚二十餘載；訪聞在外有三十已下小僧尼，宜令所司及州府括責處分。」〔註 107〕又曰：「惟彼釋道，同歸凝寂，各有寺觀，自宜住持。如聞遠就山林，分爲蘭若，兼亦聚眾，公然往來，或妄說生緣，輒在俗家居止，即宜一切禁斷。」〔註 108〕另由〈禁僧徒斂財詔〉玄宗對佛教的態度，其云：

> 釋迦設教，出自方外，漢主中年，漸於中土。說茲因果，廣樹筌蹄，事涉虛元，渺同河漢。故三皇作义，五帝乘時，未聞方便之門，自有雍熙之化。朕念彼流俗，深迷至理，盡驅命以求緣，竭資財而作福，未來之勝因莫效，見在之家業已空。事等繫風，猶無所悔，愚人寡識，屢陷刑科。近日僧徒，此風尤甚，因緣講說，眩惑州閭，谿壑無厭，唯財是斂。津梁自壞，其教安施，無益於人，有蠹於俗。或出入州縣，假託威權，或巡歷鄉村，恣行教化。因其聚會，便有宿宵，左道不常，

〔註 101〕《全唐文》卷二十八〈禁士女施錢佛寺詔〉，頁 137。
〔註 102〕前引書卷二十八〈分散化度寺無盡藏財物詔〉，頁 138。
〔註 103〕《開元釋教錄》卷第十八，《大正藏》第五十五冊，頁 679。
〔註 104〕《唐會要》卷四十九，頁 861。
〔註 105〕《佛祖統紀》卷第四十一，《佛教大藏經》第七十五冊，頁 696。
〔註 106〕同前註。
〔註 107〕《全唐文》卷三十〈澄清佛寺詔〉，頁 145。另見《唐會要》卷四十九，頁 861。
〔註 108〕《唐會要》卷第四十九，頁 861。

> 異端斯起。自今已後，僧尼除講律之外，一切禁斷。六時禮懺，須依
> 律儀，午後不行，宜守俗制。如犯者，先斷還俗，仍依法科罪。所在
> 州縣，不能抓搦，并官吏輒與往還，各量事科貶。〔註109〕

開元二十四年（736），「敕頒《御註金剛般若經》於天下。是年，中書奏令天
下僧尼隸鴻臚寺」。〔註110〕這表明將佛教視爲外國信仰。「二十五年（737），
敕僧尼仍隸祠部，道士隸宗正寺，以李宗屬皇籍。」「二十六年，（738），敕
天下諸郡立龍興、開元二寺。」〔註111〕「二十七年（739），敕天下僧道，遇
國忌就龍興寺行道散齋，千秋節祝壽就開元寺。」「二十九年（741），河南采
訪使齊澣言：「至道可尊，當從宗仰，未免鞭蹚，有辱形儀。其僧道有過者，
欲望一準僧道格律處分，所由州縣不得擅行決罪。」奏可。〔註112〕天寶五載
（746），二月二十五日，京兆尹蕭炅奏：「私度僧尼等，自今已後有犯，請委
臣府司，男夫并一房家口，移隸磧西。」〔註113〕「天寶六載（747），敕天下
僧尼屬兩街功德使，始令祠部給牒用綾素。又敕天下寺院，擇眞行童子，每
郡度三人。」〔註114〕由玄宗對佛教的管制，表示出皇權無限，釋志磐在《佛
祖統紀》卷第四十述曰：

> 出家學道，要在從師受戒，爲之制初，未嘗掛名於官籍。自漢明至
> 唐初，莫不皆然，至則天延載始令二眾隸祠部，而明皇正觀始令三
> 歲造籍。肅宗至德復令鬻牒，謂之香水錢，逮我本朝南渡則又創免
> 丁之賦，謂之清間錢。嘻！律言非我所制，餘方爲清淨者不得不行，
> 豈如來以佛眼觀末世爲吾徒者，當勉順國法乎？嘻！〔註115〕

僧籍、度牒政策的推行，再配合「以官轄寺、以寺轄僧」的制度，將傳統僧
伽制度中依律規定獨立運作的功能摧毀幾盡，佛教的生機受到相當大的限
制。「玄宗一朝爲佛道勢力消長的分水嶺，若由此發展，得可能會造成一場全
面性的法難，但因安史之亂，使佛教得以苟延於一時。」〔註116〕

安史亂起，北方凌替，肅宗即位于靈武，以府庫無積蓄，軍需不足，右

〔註109〕《全唐文》卷三十，頁145。
〔註110〕《佛祖統紀》卷第四十，《佛教大藏經》第七十五冊，頁697。
〔註111〕同前註。
〔註112〕《佛祖統紀》卷第四十，《佛教大藏經》第七十五冊，頁698。
〔註113〕《全唐文》卷四十九，頁861。
〔註114〕《佛祖統紀》卷第四十，《佛教大藏經》第七十五冊，頁699。
〔註115〕《佛祖統紀》卷第四十，《佛教大藏經》第七十五冊，頁697。
〔註116〕黃運喜《會昌法難研究》，頁33。

僕射裴冕請鬻牒度僧，解決燃眉之急。〔註117〕于時寇難方剗，或言宜憑福祐。帝納之，引沙門百餘人入行宮，朝夕諷唄，又召無漏、不空托以祈福。未幾，內道場講誦讚唄甚嚴，聲聞於外。中書侍郎張鎬諫曰：「天子之福，要在養人，以一函宇善風俗，未聞區區佛事能致太平。願陛下以無爲爲心，不以小乘擾聖慮。」〔註118〕帝不納。尋敕五嶽各建寺廟，選高行沙門主之，聽白衣能誦經五百紙者度爲僧，或納錢百緡許請牒剃落，亦賜明經出身。及兩京平，又於關輔諸州，納錢度僧道萬餘人。〔註119〕時神會主持壇度，以所獲財帛頓支軍費，於朝廷頗有功績，得詔入內供養，爲造禪宇於荷澤寺；神會敷演顯發慧能之宗風，漸沒神秀禪師之道，以上元元年（760）五月十三日寂，帝敕諡眞宗大師。〔註120〕是年，帝敕中使往韶州曹溪，迎傳法衣缽入內供養。〔註121〕慧能座下慧忠禪師，自領心印後，居南陽白崖山黨子谷，四十餘年不出山門，道譽達於帝京；玄宗朝，徵居龍興寺，由是罷相節使王公大人罔不膜拜順風，從而問道；朝郎結駟而至，師安禪不動，受其頂謁。贊寧在《宋高僧傳》中對師之舉止，贊曰：「蓋所謂昔人不迎七步，以福於萬乘之君，豈止百寮已哉！」蕭宗聞其高德，於上元二年（761）正月十六日，敕中使驛騎迎請，待以師禮，宣住千福寺；崔渙從而問津，理契於心，談之朝野，識眞之士，往往造焉。〔註122〕

　　蕭宗在位（756～763）期間，國難當頭，勵精圖治之外，并廣施慈愛，祈佛護祐。乾元二年（759）三月，詔天下州郡各置放生池，凡八十一所，蓋所以宣皇明而廣慈愛，企天下歸仁。〔註123〕上元元年（760）五月～七月期間，迎奉佛指舍利入禁中供養，以應「三十年一開則歲穀稔而兵革息」的傳統。〔註124〕帝禮敬有道高僧，并敕僧尼朝會勿得稱臣。釋志磐在《佛祖統紀》卷第四十述曰：

〔註117〕《佛祖統紀》卷第四十，《佛教大藏經》第七十五冊，頁699。
〔註118〕《佛祖歷代通載》卷第十七，《佛教大藏經》第七十五冊，頁10。
〔註119〕同前註。另見《新唐書》卷五十一〈食貨一〉，頁368。
〔註120〕《高僧傳三集》卷第八〈唐洛京荷澤神會傳〉，頁200。
〔註121〕《佛祖統紀》卷第四十，《佛教大藏經》第七十五冊，頁700。《高僧傳三集》卷第八〈唐韶州今南華寺慧能傳〉，頁194。
〔註122〕《高僧傳三集》卷第九〈唐均州武當山慧忠傳〉，頁224～225。
〔註123〕《佛祖歷代通載》卷第十七，《佛教大藏經》第七十五冊，頁10。
〔註124〕韓金科等著《法門寺與佛教》〈唐代七迎舍利與反佛〉，頁125。（台北水牛圖書出版事業有限公司，81年1月初版）

易曰：「不事王侯，高尚其事。」記曰：「儒有上不臣天子，下不事諸侯。」後漢王儒仲被徵見光武，稱名不臣。有司問其故，對曰：「天子有所不臣。」夫儒生隱士，尚知以道自高，況世外學佛，名居福田，豈當臣事世主，自取污辱。若肅宗者，可謂知尊釋氏，深識大體矣。〔註125〕

代宗初不信佛，後因王縉、元載、杜鴻漸等人影響，轉而信佛。永泰元年（765），詔出家沙門尊居三寶，其令天下官司勿得捶辱僧尼。〔註126〕常令僧百餘人於宮中，陳佛教經像念誦，謂之內道場，供養甚豐，出入乘廄馬，度支廩給。每西蕃入寇，必令群僧講誦《仁王經》以攘寇，帝臨御行香，逮寇平，則加以錫爵。〔註127〕故僧有官至卿監、封國公者，著籍禁省，勢傾公卿，群居賴寵，更相凌奪，凡京畿上田美產，多歸佛門，然藏奸宿亂踵相逮。〔註128〕大曆元年（766），敕十節使助建金閣寺，七月始作盂蘭盆會于禁中，設高祖以下七聖位，幡節、衣冠皆具，各以帝號識其幡，自太廟迎入內道場，鐃吹鼓舞，奔走相屬；是日立仗，百官班光順門奉迎導從，自是歲以為常。群臣承風，皆言生死報應，故人事置而不修，大曆政刑日以墮陵。〔註129〕

代宗時期（763～779），四祖座下的牛頭禪與六祖座下的南禪宗氣勢如虹，且得帝王禮重。當時，江西主大寂（道一），湖南主石頭（希遷），往來憧憧，不見二大士為無知。〔註130〕代宗且詔慧忠、法欽入見。慧忠國師感於行思大師云其，欲得道衡嶽武當，因奏武當山請置太一延昌寺、白崖山黨子谷置香嚴長壽寺，各請藏經一本，度僧護持兩聖御影，鎮彼武當。至大曆八年（773），又奏度天下名山僧中，取明經、律、禪法者，添滿三十七人；道門因之，羽服緇裳罔不慶懌，數盈萬計用服九重。〔註131〕牛頭禪鶴林玄素的弟子法欽，於掛錫徑山，前臨海令吳貞捨別墅以資之，參學者眾；代宗風聞其德性冰霜、淨行林野，大曆二年（767）詔見，帝鄭重咨問法要，供施勤至，帝累賜以縑繒陳設御

〔註125〕《佛教大藏經》第七十五冊，頁700。
〔註126〕《佛祖統紀》卷第四十一，《佛教大藏經》第七十五冊，頁 701。《佛祖歷代通載》卷第十八，《佛教大藏經》第七十五冊，頁109。
〔註127〕同前註。
〔註128〕《新唐書》卷第一百四十五〈王縉傳〉，頁4716。
〔註129〕同前註。
〔註130〕《高僧傳三集》卷第九〈唐南嶽石陽山希遷傳〉，頁231。另見前引書卷第十〈唐洪州開元寺道一傳〉，頁241。
〔註131〕同前書卷第九〈唐均州武當山慧忠傳〉，頁226～227。

饌，皆拒而不受；師止布衣蔬食，悉令弟子分衛，唯用陶器，行少欲知足，無以儔比；帝聞之更加仰重，乃對南陽慧忠國師云，欲賜師一號，隨即手敕國一。〔註132〕荷澤神會的弟子靈坦，於大曆五年（770）禮覲慧忠國師，八年後出關，國師奏曰：「此人是貧道同門，俱是神會弟子。」帝敕賜號大悲。〔註133〕南嶽懷讓上首弟子馬祖道一，大曆中聖恩溥洽，隸名洪州開元寺，時連帥路嗣恭慕其景行懿德，親受宗旨，居僅十祀，名聲四聞，學者雲集。〔註134〕陝州迴鑾寺慧空，因入嵩少遇道一禪會，豁然開悟；乃迴三峰，於仙掌間有道流綢繆論道，薄暮方散，非止一過；州帥元公頗知歸向，召之多以疾辭，或至必登元席。帝聞其有道，下詔俾居京師廣福寺，朝廷公卿罔不傾信，以大曆八年（773）寂。〔註135〕是年，帝敕天下童行策試經、律、論三科，給牒放度。〔註136〕帝對於祠祀與浮屠法，崇信有加。

德宗即位後，即罷內道場，並詔令毋得置寺觀及請度僧尼。〔註137〕其先宗教政策均以政治作用來考慮，例行佛事而不特崇佛。建中元年（780），沙門圓照進新定四分律疏，敕賜紫衣，充內供奉檢校鴻臚卿，食邑三百戶。翌年，吐蕃遣使乞朝廷賜沙門善講佛理者，帝令良琇、文素往赴說法教化，歲一更之。〔註138〕建中三年（782），敕僧尼有事故仰三綱，申州納符告注毀，在京者於祠部告納。興元元年（784），敕曰：「亡僧尼資財舊係寺中，檢收送終之餘分及一眾。比來因事官收，並緣擾害，今並停納仰三綱通知，一依律文分財法。」時有法師法照，於并州行五會教人念佛，帝於中宮常聞東北方有念佛聲，遣使尋至太原，果見師勸化之盛，乃迎入禁中，教宮人念佛，亦及五會。〔註139〕貞元三年（787），京兆尹宇文炫奏曰：「乞以鄉落廢寺為學舍材。」帝敕曰：「奉佛之宮轉為儒館，此侵毀三寶之漸，罪在不宥。」炫漸懼，即日自解歸。〔註140〕「貞元四年（788），崇玄館罷大學士後，復置左右街大

〔註132〕同前書卷第九〈唐杭州徑山法欽傳〉，頁232～234。
〔註133〕同前書卷第十〈揚州華林寺靈坦傳〉，頁245～246。
〔註134〕同前書卷第十〈唐洪州開元寺道一傳〉，頁241。
〔註135〕同前書卷第九〈唐陝州迴鑾寺慧空傳〉，頁236。
〔註136〕《佛祖統紀》卷第四十一，《佛教大藏經》第七十五冊，頁703。
〔註137〕《舊唐書》卷十二〈德宗本紀上〉，頁321。另見《佛祖統紀》一，《佛教大藏經》第七十五冊，頁703。
〔註138〕《佛祖統紀》卷第四十一，《佛教大藏經》第七十五冊，頁703。
〔註139〕前引書，頁704。
〔註140〕同前註。

功德使、東都功德使、修功德使，以總僧尼之籍及功役。」〔註141〕五年（789）重申累朝清整佛道的措施，敕曰：「釋道二教，福利群生，館宇經行，必資嚴潔。今後，寺觀不得容外客居住，破壞之處隨宜修葺。」〔註142〕貞元六年（790）正月，詔迎鳳翔法門寺釋迦佛骨，入禁中供養，傳至諸寺瞻禮，二月傳佛骨歸朝。〔註143〕這是唐代第五次迎奉佛舍利，據《法門寺與佛教》書中云：

> 安史之亂使黃河流域遭到巨大破壞，唐王朝受到沉重打擊，肅宗、
> 德宗從這種現實出發，勵精圖治，或忙於軍事，或銳意除弊，試圖
> 扭轉頹勢，因而對佛教並不特別崇奉。但隨著藩鎮割據與中央集權
> 的鬥爭日益劇烈，朝官與宦官之間、朝官內部朋黨之間的矛盾日益
> 激化，使唐王朝從封建社會的頂峰跌落下來，一蹶不振，特別是德
> 宗的願望不能實現之時，而採取了皈依佛教的「自我解脫」之法，
> 適逢第六個三十年已到，於是在貞元六年迎奉佛舍利於長安，在內
> 道場供養，在置於京師諸寺，後送回法門寺。此後，德宗與佛教的
> 關係日益密切。〔註144〕

德宗雖晚年才好鬼神佛事，然其在位期間甚優禮有德高僧。專於律行的廬山東林寺大德熙怡、南嶽雲峰律師法證及專念佛三昧的南嶽般舟和尚，法緣甚廣；而淮南潴上人儀範，帝聞之，徵至闕下，御大明秘殿問道，頗為稱旨，帝雖懇留，不奪其退懷省侍之禮。〔註145〕深接禪法而大弘華嚴宗的澄觀，受帝敦請入京，參與罽賓三藏般若譯事，後又奉敕為《華嚴經》四十卷造疏，帝尊師以國師，旋賜號清涼，由是中外台輔重臣咸以八戒禮師之。〔註146〕普寂門下明瓚居南嶽寺，深受李泌所推崇，時李泌避難隱居，師謂之曰：「甚勿多言，領取十年宰相。」師多異行，一郡呼為至聖，太守奉為神明。逮李泌用事，為帝言其高行，詔徵之，使者至石窟宣旨，師寒涕垂頤凝然而坐，不以介意，使者回以聞，帝益嗟敬，敕賜大明禪師。〔註147〕時五祖會下淨眾派

〔註141〕《資治通鑑》卷二百四十八〈胡三省注〉，頁8024。
〔註142〕《佛祖統紀》卷第四十一，《佛教大藏經》第七十五冊，頁704。
〔註143〕同前註。
〔註144〕《法門寺與佛教》，頁134。
〔註145〕《佛祖歷代通載》卷第十九，《佛教大藏經》第七十五冊，頁1113～1117。
〔註146〕《佛祖歷代通載》卷第十九，《佛教大藏經》第七十五冊，頁1112～1113。
　　　　另見《高僧傳三集》卷第五〈唐代州五臺山清涼澄觀寺〉115～117。
〔註147〕《高僧傳三集》卷第十九〈唐南嶽山明瓚傳〉，頁528～530。另見《佛祖統紀》卷第四十一，《佛教大藏經》第七十五冊，頁704。

法緣仍盛，無相弟子神會（720～794）在成都淨眾寺傳法時，四遠禪徒臻萃於寺，時南康王韋皋最歸心神會，得其禪要，乃師卒爲立碑，自撰文并書，禪宗榮之。神會弟子那提得師之道，傳授將來。〔註148〕另有荷澤神會法孫南印和尚，得曹溪宗旨，無以爲証，乃自江陵入蜀得淨眾神會印可，初薙草結茆，眾皆歸仰，貞元初年漸成佛宇，初名寶應。〔註149〕德宗朝普寂座下法緣仍盛，著名禪師有潭州翠微院恆月、洛京廣愛寺眞亮、襄州夾石山思公、亳州安國院曇眞、定州大像山定眞院石藏。〔註150〕

　　順宗在東宮時即頗好浮圖教，嘗請教如滿禪師佛理，問心要於清涼國師，然居攝僅一年遜位於憲宗。〔註151〕憲宗在位十五年（806～820），咸謂中興之主，然愛服丹藥。〔註152〕元和二年（807）二月詔天下僧尼道士，同隸左右街功德使。三月詔曰：「男丁女工，耕織之本，雕牆峻宇，耗蠹之源。天下百姓，或冒僞僧道士，苟避徭役，有司宜備爲科制，修例聞奏。」〔註153〕元和十四年（819）正月，迎鳳翔法門寺佛骨至京師，留禁中三日，乃送各佛寺。王公士庶奔走相告，瞻奉施捨惟恐不及，百姓有廢業破產，有燒頂灼背而求供養者。導致刑部侍郎韓愈的憤慨，上疏極陳其弊。帝覽《論佛骨表》，大怒曰：「愈言我奉佛太過，猶可容；至謂東漢奉佛以後，天子咸夭促，言何乖剌邪？愈，人臣，狂妄敢爾，固不可赦。」〔註154〕關於韓愈之謗佛，湯用彤則謂：「文公之前，反對佛教上疏朝堂者多爲進士，特以佛法勢盛，未敢昌言。及至昌黎振臂一呼，天下自多有從之者。」〔註155〕憲宗朝，除清涼國師澄觀得王室禮敬之外，禪門牛頭山第六世慧忠禪師座下天台佛窟遺則、襄州慈恩寺道堅及逕山道欽座下杭州鳥窠道林禪師法席茲盛，乃得王臣禮敬。〔註156〕荷澤神會座下沂州寶眞院光瑤、揚州華林寺靈坦，道法高邁，深得節使知重。〔註157〕元和十年（815），南海經略使上疏，請謚

〔註148〕《高僧傳三集》卷第九〈唐成都府淨眾寺神會傳〉，頁231～232。
〔註149〕《高僧傳三集》卷第十一〈唐成都府元和聖壽寺釋南印傳〉，頁266。
〔註150〕《高僧傳三集》卷第十，頁261～263。
〔註151〕《佛祖歷代通載》卷第十九，《佛教大藏經》第七十五冊，頁1119。
〔註152〕《佛祖歷代通載》卷第二十，《佛教大藏經》第七十五冊，頁1119。
〔註153〕《唐會要》卷五十，頁881。
〔註154〕《新唐書》卷一百七十六〈韓愈傳〉，頁5260。
〔註155〕湯用彤《隋唐佛教史稿》，頁45。
〔註156〕《景德傳燈錄》卷四，頁67～69。
〔註157〕《高僧傳三集》卷第十，頁243～244。

曹溪六祖，帝諡大鑒，塔曰元和正眞。〔註158〕帝且追諡馬祖道一，爲大寂禪師。〔註159〕時馬祖道一與石頭希遷座下法會極盛，道一會下知名禪師有洪州開元寺智藏、唐州紫玉山道通、雍京章敬寺懷暉、京兆興善寺惟寬、婺州五洩山靈默、袁州陽岐山甄叔、新吳百丈山懷海、洛京伏牛山自在、汾州開元寺無業、長沙東寺如會、常州芙蓉山太毓及襄州居士龐蘊，而希遷會下荊州天皇寺道悟、南陽丹陽山天然、朗州藥山惟儼，甚爲道俗所歸信。〔註160〕憲宗曾詔見懷暉與惟寬，咨問禪要，逮兩師寂滅，敕諡懷暉爲大宣教禪師、惟寬爲大徹禪師。〔註161〕

　　穆宗朝甚優禮佛教，乃至弊端叢生。長慶元年（821），帝親製南山律師讚。是年幽州節度使劉總上表請出家，帝不許，總以印付留後，自剃髮爲僧，以私第爲寺，帝乃從其志，封爲大覺師，賜僧臘五十，寺名報恩。另河東節度使裴度奏：「五臺山佛光寺慶雲見，文殊大士乘師子於空中，從者萬眾。」上遣使供萬菩薩。〔註162〕穆宗亦甚禮敬大寂禪師門下，百丈懷海、汾陽無業、東寺如會、丹霞天然、西堂智藏寂滅，皆得帝追諡號塔名。汾陽無業志不親近國王大臣，凡有學者致問，必答之曰：「莫妄想。」憲宗屢遣使召，皆辭以疾。穆宗即位，思一瞻禮，乃命兩街僧錄靈準、公遠齎敕旨迎請。準至作禮白之曰：「知師絕塵物表，糠秕世務，法委國王，請師熟慮，此迴恩旨不比常時，願師必順天心，不可更辭以疾，相時而動，無累後人。」業笑曰：「貧道何德，累煩聖主，行即行矣，道途有殊。」中夜集眾說法，端坐而逝，敕諡大達國師。〔註163〕長慶四年（824），中書令王智興請於泗州置僧尼方等戒壇，於誕聖節度僧。制可，既而浙西觀察使李德裕奏曰：「智興爲戒壇泗州募願度者，每名輸錢二千，則不復勘詰，普皆剃落。自淮而右，戶三男則一男剃髮規免徭役，所度無算。臣閱度江日數百人，蘇常齊民十固八九，儻不禁遏，前至誕月江淮失丁男數十萬，不爲細事也。」帝不納。先是憲宗屢有敕，不許天下私度民爲僧尼道士，至是王智興冒禁陳請，於是細民淆混奔趨剃落，

〔註158〕《佛祖統紀》卷第四十一，《佛教大藏經》第七十五冊，頁 708。《高僧傳三集》卷第八，頁 194。
〔註159〕《高僧傳三集》卷第十，頁 242。
〔註160〕《景德傳燈錄》卷七，頁 119～147。另見《高僧傳三集》卷第十一，頁 242～272。
〔註161〕《高僧傳三集》卷第十，頁 248～249。
〔註162〕《佛祖統紀》卷第四十二，《佛教大藏經》第七十五冊，頁 713。
〔註163〕《高僧傳三集》卷第十一〈唐汾州開元寺無業傳〉，頁 268～269。

王智興因致貲數十萬緡，大為清論鄙之。〔註164〕

　　敬宗寶曆元年（825），敕兩街建方等戒壇，擇戒行者為大德，令試童子能背誦經百五十紙、女童誦百紙者，許為剃度。〔註165〕時部份官宦斂財，時議頗為醜之。〔註166〕另朝廷自憲宗以降，皇帝服食丹藥之風益盛，極力延攬道士，使之出入禁中。寶曆二年（826）六月，道士趙歸眞說上以神仙，僧惟眞、齊賢、正簡說上以禱祠求福，皆出入宮禁，上信用其言。〔註167〕是年敕諡南嶽懷讓，為大慧禪師，塔號最勝輪。〔註168〕

　　文宗即位之初，下詔革兩朝淫侈不法之務，「將僧惟眞、齊賢、正簡、道士趙歸眞，並流配嶺南。」大和二年（828）十月，江西觀察使沈傳師奏請於皇帝誕月設方等戒壇，於洪州度僧資福。帝制謂：「不度僧尼，累有敕命。傳師忝為藩守，合奏詔條，誘至愚妄，庸非理道，宜罰一月俸料。」〔註169〕此後文宗對僧政管理日趨嚴密。大和四年（830），祠部請令僧尼冒名非正度者，許具名申省給牒，以憑入籍，時入申者七十萬人。五年（831）令天下州縣造僧尼籍。〔註170〕這次的檢括造籍行動，是為日後全面沙汰作準備。七年（833）十月慶成節（文宗誕日）僧徒道士講論於麟德殿，翌日，文宗謂宰臣曰：「降誕日設齋，起自近代，朕緣相承已久，未可便革，雖置齋會，僧道講論，都不臨聽。」宰相路隨等亦謂，誕日齋會本非中國教法。〔註171〕在這上下交相厭惡佛道的背景下，九年（835）文宗嘗詔近臣，天下有無補教化蠹食於國者，可悉言之。有對者曰：祖宗已來，廣行佛教，緇徒益多，茲為蠹物。乃命中外罷緇徒講說佛經。並罷長生殿內道場。〔註172〕是年四月，翰林學士李訓請罷長生殿內道場，沙汰僧尼偽濫者。辛丑大風拔木萬株，墮含元殿四鴟尾，拔殿廷樹三，壞金吾仗舍、發城門樓觀內外三十餘所，光化門西城俱壞。士

〔註164〕《佛祖歷代通載》卷第二十一，《佛教大藏經》第七十五冊，頁 1121。另見《資治通鑑》卷第二百四十三，頁 7840。
〔註165〕《佛祖統紀》卷第四十二，《佛教大藏經》第七十五冊，頁 713。
〔註166〕《舊唐書》卷十七〈敬宗本紀〉，頁 519。
〔註167〕《資治通鑑》卷第二百四十三，頁 7851。
〔註168〕《高僧傳三集》卷第九〈唐南嶽觀音臺懷讓傳〉，頁 219。
〔註169〕《舊唐書》卷十七〈文宗本紀上〉，頁 523～524。另見《佛祖歷代通載》卷第二十二，《佛教大藏經》第七十五冊，頁 1144。
〔註170〕《佛祖統紀》卷第四十二，《佛教大藏經》第七十五冊，頁 714。
〔註171〕《舊唐書》卷十七〈文宗本紀下〉，頁 552。
〔註172〕《佛祖統紀》卷第四十二，《佛經大藏經》第七十五冊，頁 715。

民震恐，帝以李訓所請忤天意，亟下敕停前沙汰，復立大內儀像，風始息。七月，李訓奏僧尼猥多，耗蠹公私。丁巳，帝詔所在試僧尼誦經不中格者，皆勒歸俗，禁置寺及私度人。〔註173〕十月，鄭注欲收僧尼之譽，固請罷沙汰，帝從之。〔註174〕十一月，李訓坐謀誅宦官，斬首於昆明池，敕免僧尼試經。八月詔圭峰宗密入內殿問佛法，賜紫方服。三年（838）三月，清涼國師澄觀示寂，帝輟朝三日，重臣縞素，敕葬終南山石室。四年（839），中書誕節令宰臣百僚詣寺設千僧齋，詔許之，時名僧俱會，士民縱觀，莫不傾敬。〔註175〕時禪宗漸離律院獨行，六祖會下的青原、南嶽系下枝脈繁盛，而荷澤系傳五世至圭峰宗密，仍有僧尼四眾凡數千人。〔註176〕而牛頭、北宗、淨眾、保唐、南山念佛已式微。文宗朝政教關係已面臨絕裂的危機，因甘露之變，使得這次法難延至武宗在位時才爆發。

　　總之，佛教僧伽在政治力量下，因「以官轄寺，以寺轄僧」制度之推行，而使其運作僵化，乃使佛教之安危與勢力之消長，幾乎繫於帝王之好惡與士大夫之態度。

第三節　會昌法難

　　宗教對人類人格的養成、性靈的提昇以及精神的安定力，甚有俾益，而人群的活動則每受限於政治的威權。在中國隋唐以來，政府每強調「法受帝王」，教界也有感「不依國王佛法難存」。宗教依附政治，以保境安民，而國王以仁王護國，則雙方相安無事，一但宗教的發展，侵犯政治的一統，威脅到國家的財政，或者是帝王一己的好惡，往往造成政、教間的衝突。〔註177〕

　　安史亂後，唐政權弊象叢生，外患頻仍，方鎮跋扈，國用不足。由於佛教隆興，寺產極為豐富，已引起野心人士之覬覦。至武宗即位，慮及經濟因素，乃假借儒生及道士之手，以寺院影響國計民生與僧紀不淨為口實，逐步摧毀佛教，以充實國用，但社會之安定力亦蒙受無可言喻之創傷。

〔註173〕同前註。另見《資治通鑑》卷第二百四十五，頁 7906。
〔註174〕《資治通鑑》卷第二百四十五，頁 7909。
〔註175〕《佛祖統紀》卷第四十二，《佛教大藏經》第七十五冊，頁 715。
〔註176〕《高僧傳三集》卷第六〈唐圭峰草堂寺宗密傳〉，頁 140。
〔註177〕孔令謹〈唐武宗滅佛政策初探〉，《史學通訊》第十期，頁 48（中國文化學院
　　　　史學系刊，民國 65 年 1 月）。

一、鬻牒度僧

　　玄宗天寶十四載（755）十一月，安祿山反，官廷國用不足，司空楊國忠以爲正庫物不可以給士，遣侍御史崔衆至太原，納錢度僧尼、道士，旬月得百萬緡。翌年（756），兩京版蕩，玄宗駕幸巴蜀，太子在靈武即位，改元至德，出售度牒又行於彭原郡（甘肅慶陽縣西南）〔註178〕

　　當時出售度牒，必有大師登壇說法，如神會曾受公推，主持開壇度僧事，以所得財帛支助軍費。〔註179〕此後，置壇度僧事疊有記載，爲國家開闢了新財源，但官廷亦感到僧尼日多，對兵役、賦稅損失極大，因此憲宗在位時嚴禁私度，但方鎮私度仍多，以江淮爲盛。〔註180〕至文宗太和四年（830），祠部請令天下僧尼非正度者，許具名申請給牒，時申請者達七十萬人。〔註181〕

　　官廷鬻牒度僧，本爲國用，以濟眉急，然一發不可收拾，私度盛行，規避徭賦、隱庇資產之假僧尼所在多有，結果，不僅清淨法門受污染，佛教亦面臨災禍。釋贊寧在《僧史略》中提及此事時云：「自唐末已來，諸侯角立，稍闕軍需，則召度僧尼、道士先納財，謂之香水錢，後給公牒云。念此爲弊事，復毀法門，吁哉！」〔註182〕

二、會昌廢佛及其影響

　　佛教入唐勃興，僧寺道觀的莊田產業隨之增加，儒學之士已有所非議，中宗時有「天下財富而佛有七、八」之說法。〔註183〕當時除寺院之外，貴族、官吏亦擁有爲數極大之莊田、佃戶與奴婢。開元以後，天下戶籍久不更造，安史亂起，均田制度隨之崩潰，逃亡戶、田業之歸宿，一部份變爲寺院之私產，大部份則爲富豪勢家所兼併。官廷雖一再發布諭令，嚴禁豪富兼併，但既得利益者大抵爲王公百官，敕令近於具文，主事者常爲眾怨所歸。〔註184〕

〔註178〕《佛祖統紀》卷四十〈至德元年〉條，前引書，頁699。
〔註179〕《高僧傳三集》卷八〈唐洛京荷澤寺神會傳〉，頁198～200。
〔註180〕《舊唐書》卷十七〈敬宗本紀〉寶曆二年條，頁519。另見同書卷一百七十四〈李德裕傳〉，頁4514。
〔註181〕《佛祖統紀》卷四十二，《佛經大藏經》第七十五冊，頁714。
〔註182〕贊寧《大宋僧史略》卷下〈度僧規利〉，《大正藏》第五十四冊，頁252中。
〔註183〕《舊唐書》卷一百一〈辛替否傳〉，頁3159。
〔註184〕李劍農《魏晉南北朝隋唐經濟史稿》（臺灣華世出版社印行，民國70年12月初版），頁268。

官廷恆苦財政之窮乏，目標指向佛教。文宗朝時有毀法之議，但念佛教本牢根大，不能果去。〔註185〕及武宗登位（841～846），召道士入禁中，以道士趙歸眞之進言爲契機，由宰相李德裕執行滅佛行動。據杜牧〈杭州新造南亭子記〉云：

> 武宗皇帝始即位，獨奮怒曰：「窮吾天下，佛也。」始去其山臺野邑四萬所，冠其徒幾至十萬人，後至會昌五年始命，西京留佛寺四、僧唯十人、東京二寺，天下所謂節度觀查，同華汝三十四治所得留一寺，僧准西京數。其他刺使州不得有寺，出四御使繚行以督之，御使乘驛未出關，天下寺至於屋其耕而頑之。凡除寺四千六百，僧尼箅冠二十六五百，其奴婢十五萬、良人枝附爲使令者，倍箅冠之數，良田數千萬頃。奴婢口率與百畝編入農籍，其餘賤取民直歸於有司，寺材州縣得以恣新其公署傳舍。〔註186〕

武宗廢佛行事，如火如荼的開展，不視前朝唐律令對佛道的規範與適當的尊重。廢佛情事，釋圓仁於《入唐求法巡禮行記》中也有翔實之記載，其云：

> 三、四年已來，天下州縣准敕條疏僧尼還俗已盡；又天下毀拆佛堂、蘭若、寺舍已盡；又天下焚燒經、像、僧服趨礬盡；又天下剝佛身上金已畢；天下打碎銅、鐵佛，稱斤兩收撿訖；天下州縣收納寺家錢物、莊園，收家人奴婢已訖。〔註187〕

雷屬風行的廢佛舉動，據《佛祖統紀》卷四十二所云：「會昌季年，武宗大翦釋氏，巾其徒，徹其居，容貌於土木者沈諸水，言論於紙素者投諸火。分命御史乘驛走天下，察敢隱匿者罪之，於是天下名藍，眞宇毀去若掃。」〔註188〕

然大河以北法難未波及，據《入唐求法巡禮行記》卷第四云：

> 唯黃河以北鎮、幽、魏、路等四節度使，元來敬重佛法，不毀拆寺舍，不條疏僧尼，佛法之事，一切不動。頻有敕使勘罪，云：「天子

〔註185〕《全唐文》卷七五三〈杜牧杭州新造南亭子記〉，前引書，頁3505下云：「文宗皇帝嘗語宰相曰：『古者三人共食一農人，今加兵、佛。一農人乃爲五人所共食，其間吾民尤困於佛。帝念其本牢根大，不能果去之。』」

〔註186〕前引書。

〔註187〕圓仁《入唐求法巡禮行記》卷四（臺灣文海出版社影印，民國65年10月再版），頁109。

〔註188〕《佛祖統紀》卷四十二〈大中八年〉條，《佛教大藏經》第七十五冊，頁719。另見《佛祖歷代通載》卷二十三，《佛教大藏經》第七十五冊，頁1165。

自來毀折焚燒，臣等不能作此事也。」〔註189〕

武宗的廢佛政策，大致可分爲兩個階段。〔註190〕前階段爲會昌元年到三年止，重點在提昇道教的地位，並藉機整頓寺院，清除敗類，並以私產的沒收作要脅，使惜財者情願還俗，歸入兩稅戶中。執行的成效計兩街功德使的條疏，僅京師即有僧尼三千四百九十一年還俗；且敕僧尼已還俗者，輒不得入寺及停止，又發遣保外僧尼，不許住京入鎭內。又敕殺天下摩尼師，剃髮令著袈裟作沙門行而殺之。〔註191〕會昌四年到會昌六年這個階段，武宗由清整佛教轉變到逐步滅佛。首先禁供佛牙，打殺無公驗僧侶，焚毀長生殿內道場經像，在道場內安置天尊老君之像。又敕下毀折天下山房蘭若、普通佛堂、義井。接著敕令毀折天下小寺，經像搬入大寺，鐘送道士觀，小寺僧尼除年老有戒行者配大寺外，其餘盡敕還俗。會昌五年（845），政教關係日趨緊張，正月拜南郊，一如元年不准僧尼參與；三月下敕不許置莊園，勘驗天下寺舍奴婢，收身有藝業者軍裏，收無業少壯者貨賣，老弱者塡宮奴婢；奴婢五人爲一保，保中走失一人者，罰二千貫錢；諸寺錢物，兼貨賣奴婢贖錢，並皆官收，擬充百寮祿薪；又敕令天下諸寺，僧尼年四十以下，盡勒還俗，遞歸本貫。〔註192〕數日後敕下，天下僧尼五十以下，盡勒還俗，遞歸本貫訖。後有敕云，天下僧尼五十以上，無祠部牒者，盡勒還俗，遞歸本貫；有祠部牒者，委當州縣磨勘，差殊者盡勒還俗，遞歸本貫；城中僧尼，委功德使准此例牒疏，其有祠部牒者，總索將入軍裏磨勘，遂使諸寺僧尼同無告身。大家皆云：「不還告身者，不留僧尼之謀樣，收寺院奴婢錢物者，毀折寺舍之兆也。」武宗且欲藉祭臺日，假設齋祭臺，總追兩街僧尼集左軍裏，斬其頭用來塡坑。時撿樞卜密奏云：「僧尼本是國家百姓，若令還俗各自營生，於國有利，請不用追入，請仰本司盡勒還俗，遞歸本貫，充入邑役者。」皇帝點頭，良久乃云：「依奏者。」諸寺僧尼亦聞斯事，魂魄失守，不知所向。〔註193〕四月祠部檢括天下寺及僧尼數，並依年齡逐次勒令還俗。〔註194〕

〔註189〕《入唐求法巡禮行記》卷第四，頁109。

〔註190〕孔令謹〈唐武宗滅佛政策初探〉，《史學通訊》第十期，頁52。另見黃運喜《會昌法難研究》，頁60～69。

〔註191〕《入唐求法巡禮行記》卷第三，頁84～91。

〔註192〕前引書卷第四，頁99。

〔註193〕前引書卷第四，頁100。

〔註194〕前引書卷第四，頁101。

七月敕併省天下佛寺。〔註195〕八月遂發表拆寺制，申明廢佛的理由。〔註196〕
時詔毀佛祠，悉浮屠隸主客，雖引起朝廷臣辯之於朝，但藝臣則萬口一辭。
〔註197〕唯有主客郎中韋博言令太暴，宜近中，宰相李德裕惡之，會羌、渾
叛，出爲靈武節度副使。〔註198〕一場前所未有的全面滅佛行動正式開展，
釋圓仁在其《入唐求法巡禮行記》上載：

> 登州者，大唐東北地極也。枕乎北海，臨海立州，州城去海一二許
> 里。雖是邊北，條疏僧尼、毀折寺舍、禁經毀像、收撿寺物，共京
> 城無異。況乃就佛山剝金，打碎銅鐵像，稱其斤兩，痛當奈何！天
> 下銅鐵佛金佛，有何限數，准敕盡毀滅化塵物。……近有敕，天下
> 還俗僧尼緇服，各仰本州縣禁收焚燒，恐衣冠親播持勢，隱在私家，
> 竊披緇服，事須切加收撿，盡皆焚燒訖。〔註199〕

會昌法難形成的因素，固然甚爲複雜，但以浮在表面的信仰與經濟問題爲契
機，以王法欲凌駕佛法爲動力，奮然開展而無反顧。《新唐書》卷八〈本紀第
八〉贊曰：

> 昔武丁得一傅說，爲商高宗。武宗用一李德裕，遂成其功烈。然其
> 奮然除去浮圖之法甚銳，而躬受道家之籙，服藥以求長年。以此見
> 其非明智之不惑者，特好惡有不同爾。宣宗精於聽斷，而以察爲明，
> 無復仁恩之意。嗚呼！自是而後，唐衰矣！〔註200〕

會昌五年九月，武宗餌方士金丹，性加躁急，喜怒無常。十月帝問李德裕以
外事，對曰：「陛下威斷不測，外人頗驚懼。曩者寇逆暴橫，固宜以威制之；
今天下既平，願陛下以寬理之，但使得罪者無怨，爲善者不驚，則爲寬矣。」
〔註201〕會昌六年（846）三月，武宗食道士丹藥而薨。〔註202〕宣宗即位，誅
道士趙歸眞、劉玄靖等人，謫配李德裕於朱崖（廣東省崖縣）；因支持佛教的
勢力仍大，爲招攬人心，宣宗一改武宗之政，即位之初赦天下，上京兩街先
聽留兩寺外，更各增置八寺；僧尼依前隸功德使，不隸主客，所度僧尼仍祠

〔註195〕《舊唐書》卷十八〈武宗本紀〉，頁604～605。
〔註196〕《唐會要》卷四十七，頁840～841。
〔註197〕《孫樵集》卷二〈武皇遺劍錄〉（臺北商務印書館，民國54年8月），頁28。
〔註198〕《新唐書》卷一百七十七〈韋博傳〉，頁1427。
〔註199〕《入唐求法巡禮行記》卷第四，頁107～108。
〔註200〕《新唐書》卷八，頁253。
〔註201〕《資治通鑑》卷二百四十八，頁8020。
〔註202〕前引書卷二百四十八，頁8023。

部給牒。〔註203〕宣宗朝逐步恢復佛教，先是大中元年寺宇的葺修；次大中二年在上都、東都、荊、陽、汴、益諸州建寺立方等壇度僧，且敕官僚不得在寺觀居止；大中三年敕法師知玄同道士，於麟德殿談論三教，知玄奏宜大復天下廢寺，帝素重師德，命圖形置禁中；〔註204〕是年復河、湟、瓜、沙、伊、肅等十一州之地，於是開元基宇悉如故。四年詔京兆薦福寺弘辨禪師入內，帝問禪宗何有南北之理及佛法，辯對七刻，帝悅賜號圓智禪師。〔註205〕五年正月詔，京畿及郡縣士庶要建寺宇村邑勿禁，兼許度僧尼住持營造。〔註206〕在此佛教漸露復興之時，朝臣已傳出反對聲浪。六月，進士孫樵上言：

> 百姓南耕女織，不自溫飽，而群僧安坐華屋，美衣精饌，率以十戶不能養一僧。武宗憤其然，髮十七萬僧，是天下一百七十萬戶始得蘇息也，陛下縱不能如武宗除積弊，奈何興之於已廢乎！日者陛下欲修國東門，諫官上言，遽爲罷役。今所復之寺，豈若東門之急乎？所役之功，豈若東門之勞乎？願早降明詔，僧未復者勿復，寺未修者勿修，庶幾百姓猶得以息肩也。〔註207〕

其年七月，中書門下奏：「陛下崇奉釋氏，群下莫不奔走，恐財力有所不逮，因之生事擾人，望委所在長吏量加樽節。所度僧亦委選擇有行業者，若容凶粗之人，則更非敬道也。鄉村佛舍，請罷兵日修。」從之。冬十月十七日，中書門下奏：「今邊事已息，而州府諸寺尚未畢功，望且令成之。其大縣遠於州府者，聽置一寺，其鄉村勿得更置佛舍。」從之。〔註208〕大中六年十二月，中書門下奏：「度僧不精，則戒法墮壞；造寺無節，則損費過多。自今諸州準元敕許寺外，有勝地靈跡許修復，繁會之縣許置一院。嚴禁私度僧尼；若官度僧尼有闕，則擇人補之，仍申祠部給牒。遠遊尋師者，須有本州公驗。」從之。〔註209〕

　　會昌法難後，最難恢復的是經典的輯佚。大中八年（845），潭州岳嶽寺道林沙門疏言往太原府訪求經藏，河東節度使司空盧鈞、副使韋宙以藏施之。

〔註203〕前引書卷二百四十八，頁8024。
〔註204〕《佛祖統紀》卷四十二，頁717～718。
〔註205〕《佛祖歷代通載》卷第二十三，《佛教大藏經》第七十五冊，頁1160～1162。
〔註206〕《唐會要》卷四十八，頁854。
〔註207〕《資治通鑑》卷二百四十九，頁8047。
〔註208〕前引書卷二百四十九，頁8048。另見《唐會要》卷四十八，頁854～855。
〔註209〕《資治通鑑》卷二百四十九，頁8052。

節度巡官李節為之記曰：

> 會昌季年，武宗大翦釋氏，……今天子建號之初，雪釋氏不當廢也，
> 亟下詔復之。而自湖以南，遠人畏法，體朝廷之嚴旨，焚徹經像殆
> 無遺餘，故今明命雖頒，莫能得其經籍。道林寺者，湘西之勝遊，
> 有釋疏言獨曰：「太原府國家舊都，佛祠為最多，大帥司空盧公天下
> 仁人，我第往求遺書，或可得也。既上謁軍門，公果諾之，四馳以
> 求逸文，月未幾得經律論五千四十八卷，（大中十年八月）輦而歸。」
> 嘻，釋氏救世之道，既言之矣。向非我明君洞鑑理源，何能復行其
> 道；非司空公克崇大法，何能復全其書；非沙門疏言深識法運，何
> 能不憚遠求以遂茲盛典。奉聖上之令興釋氏之宗，惠及後人，其功
> 用有不可勝言者，可無記焉！〔註210〕

宣宗即位之初興佛，到大中五年（851）受朝臣的建言，且因軍捷兵罷，政府
對佛教政策又趨向嚴謹。大中八年（854）以後，宣宗雖仍許佛教復舊，但清
整之意甚為濃厚。大中十年（856）十一月，敕：「於靈感、會善二寺置戒壇，
僧尼應填闕者，委長老僧選擇，給公憑赴兩壇受度，兩京各選大德十人主其
事。有不堪者罷之，堪者給牒，遣歸本州。不見戒壇公牒，勿得私容。仍先
選舊僧尼，舊僧尼無堪者，乃選外人。」〔註211〕帝晚節頗好神仙，遣中使往
羅浮山迎會昌六年帝所流放的軒轅集道人，召入禁中問曰：「長生可學乎？」
對曰：「王者屏欲而崇德，則自然受大遐福，何處更求長生！」留數月，堅求
還山。〔註212〕宣宗又召見人謂「能役鬼神」的江南術士董光素，賜賚甚多。
〔註213〕大中十三年（859）八月，帝以餌醫官李玄伯、道士虞紫芝、山人王樂
藥，疽發於背而崩。〔註214〕綜觀宣宗的宗教政策，其仍不離「亦將有以利吾
國」、「亦將有以利吾身」的範疇。〔註215〕

武宗全面滅佛之結果，使佛教基於大乘菩薩道所辦之社會福利事業摧毀

〔註210〕《佛祖統紀》卷第四十二，《佛教大藏經》第七十五冊，頁719～720。《佛祖
歷代通載》卷第二十三，《佛教大藏經》第七十五冊，頁1164～1165。
〔註211〕《資治通鑑》卷二百四十九，頁8061。
〔註212〕前引書卷二百四十九，頁8065～8067。
〔註213〕尉遲偓《中朝故事》，《唐朝小說大觀》（台北新興書局，民國49年6月），頁93。
〔註214〕范祖禹《唐鑑》卷二十一（台灣商務印書館，民國66年3月），頁590。另見《資治通鑑》卷二百四十九，頁8075～8076。
〔註215〕黃運喜《會昌法難研究》，頁80。

無遺。法難後，首先發生的問題，乃「悲田坊」因僧尼還俗無人主持。李德裕乃奏改悲田坊爲養病坊，於鄉間中選有名行謹信的耆老主持，撥被沒收的部份寺田當粥料。〔註216〕其次是，毀寺後腴田鬻田送戶部，中下田給寺家奴婢丁壯者兩稅戶，人十畝；〔註217〕但老弱僧人未知如何謀生，有的鋌而走險，導致社會治安惡化。李德裕在「請淮南等五道置游奕船」狀文中謂：

> 自有還俗僧以來，江西劫殺，比常年尤甚；自上元至宣池地界，商
> 旅絕行，緣所在長束掩閉道路，頗甚嗟怨。〔註218〕

釋圓仁於《入唐求法巡禮行記》中亦云：

> 唐國僧尼本來貧，天下僧尼盡令還俗，乍作俗形，無衣可著，無物
> 可吃，艱窮至甚；凍餓不徹，便入鄉村劫奪人物，觸處甚多，州縣
> 捉獲者，皆是還俗僧，勘責更盛。〔註219〕

王夫之在《讀通鑑論》中，對武宗滅佛及大中復教，有如下見解：

> 武宗崩，李德裕逐。宣宗忌武宗君相，而悉反其政，浮屠因緣以復
> 進，其勢爲之也。雖然假令武宗永世，德裕安位而行志，又豈可以
> 舉千年之積害，一旦去之而消滅無餘哉。何也？一日矯千年之弊，
> 以一君一相敵群天下狂惑氾濫之情，而欲劃除之無遺，是鮮之，煙
> 洪水以止其橫流，卒不能勝者。夫群天下積千年而奔趨如鶩，自有
> 原委，亦自有消歸。故天下之僧寺蘭若，欲毀之，此其無難者也。
> 敕二十萬僧尼使之歸俗，將奚歸哉？〔註220〕

唐末，王仙芝、黃巢、裘甫相繼起事，江淮之民從之者眾，此或沙汰佛教過份，事後又未顧及僧侶、奴婢之生計有以致之。〔註221〕會昌法難後，雖經宣宗竭力彌補，由於國家財力枯竭，方鎮又相傾壓，農民暴動風起雲湧，民生更加凋敝，唐室至此已走向衰亡道路。

會昌法難對後世佛教之發展，影響極爲深遠。教下四宗因莊園經濟破滅、經籍散佚，漸趨衰微；祇有禪宗各家原就散住山林，又同平民接近，不

〔註216〕《舊唐書》卷十八〈武宗本紀〉會昌五年條，頁26。《全唐文》卷七七七〈武
宗選耆壽勾當悲田養病坊敕〉，頁357。
〔註217〕《新唐書》卷五十二〈食貨二〉，頁1361。
〔註218〕《全唐文》卷七○四，〈李德裕請淮南等五道置游奕船〉，頁3243。
〔註219〕《入唐求法巡禮行記》卷四，頁108。
〔註220〕《讀通鑑論》卷二十六〈唐武宗〉。
〔註221〕湯用彤《隋唐佛教史稿》，頁58。

講義理，無求於典籍，所受之影響較小，在毀佛事件過後，旋即恢復。據《景德傳燈錄》、《佛祖統紀》所載，中晚唐時飲譽法壇之禪師，不下六十六家。

唐末五代之際，禪宗相繼在南嶽，青原兩大系統下，成立五個宗派。義玄（？～867）創臨濟宗；良价（808～870）與弟子本寂（840～901）創曹洞宗；靈祐（771～853）與弟子慧寂（814～890）創溈仰宗；文偃（864～949）創雲門宗；文益（885～958）創法眼宗。五宗衹有臨濟宗在河北，其餘四宗皆弘化南方。而南方諸國，咸奉佛法，禪宗與淨土信仰深入社會各階層。北方則從後梁到後漢，各代咸襲唐代成規，例行佛事外，管制僧侶甚嚴，後周世宗時且又清整佛教，因此佛教之命脈多繫於江南。

第四節　會昌法難下禪門的志行

當唐朝玄宗在位時，政教關係已日趨緊張，法難因安史之亂而罷，逮到文宗即位後對佛教的限制趨緊，幸逢甘露之變而停止，武宗即位寵李德裕又尊道教，當時的教界已有人深感法難有一爆即發之勢。據釋贊寧《宋高僧傳》卷九〈淮南都梁山全植傳〉云：

> 太守衛文卿命於州治長壽寺化徒，衛侯問：「將來佛法隆興若何？」
> 植曰：「眞實之物無振，自古於今往復軌蠋，有爲之法，四相遷流。
> 法當湮厄，君侯翹足可見。」預言武宗毀教也。〔註222〕

同書卷第十一〈唐京師聖壽寺恆政傳〉亦云：

> （文宗）宣住聖壽寺，至武宗即位，忽入終南山。或問其故，曰：「吾避仇鳥可已乎哉！」後終山舍，……以會昌三年九月四日入塔。後有廢教之敕，政之先見，若合符節焉。〔註223〕

武宗拆寺制下，僧侶被迫還俗，經典被焚毀，中國佛教面臨前所未有的浩劫。在此艱苦橫逆下，一些僧侶的志行節操爲教界保存了元氣，奠定大中復教時佛教振興的契機。依黃運喜《會昌法難研究》，這些僧侶的行跡約可分爲六種類型：一、逆鱗力爭；二、保全典籍；三、終老山林；四、待機而出；五、改當道士；六、遣送出國。〔註224〕在這六種類型中，與佛教後來的發展，

〔註222〕《高僧傳三集》卷第九，頁238。
〔註223〕前引書卷第十一，頁287。
〔註224〕黃運喜《會昌法難研究》，頁87～94。

尤其是禪宗的繁衍，有密切關係的是終老山林與待機而出的僧侶。這兩種類型的僧侶，依史料記載，大抵出自南禪宗的青原系與南嶽系。他們在會昌法難前後，彼此間常相往來參學，致使湖南主希遷（重理行、行言教、唱觸目是道、道亦在無情）的以「勢」表義、江西主道一（重無事、率性而行、唱觸境皆如、即心即佛而至平常心是道）的以「語」示理的家風逐漸融會，而衍生出後來禪門的所謂「五家七宗」。而禪宗在其師徒、賓主的交往中，往往有許多怪異的舉動與言句，其示道使人發悟的方式，可以從《大珠語錄》所云的「托情勢」、「指境勢」、「語默勢」與「揚眉動目」文中得解。本節僅就這兩類與禪門有關的僧侶，來加以探討他們的行實及其對後世的影響。

一、終老山林的禪師

終老山林的禪師中，又大致可區分爲兩種型態。一種是寧靜以明志；這類僧侶有智眞、慧忠、常達、靈嶠與無數等人。一種是雖隱居山林，仍不時以禪機化人；善道與全豁禪師足爲典範。當宣宗重興佛教之際，這些僧侶有的不願復出，有的雖被迫復出，依舊隱居山林，表現出皎然而寧靜以明志的情操，深爲時人所欽重。

（一）隱居山林以明志

馬祖道一的法孫，章敬懷暉的法嗣南嶽下第三世福州龜山智眞禪師（782～865 年），值武宗澄汰，有偈示衆，其一曰：「敕命如雷下翠微，風前垂淚脫禪衣；雲中有寺不容住，塵裏無家何處歸。」〔註225〕其二曰：「明月分形處處新，白衣寧墜解空人；誰言在俗妨修道，金粟曾爲長者身。」其三曰：「忍仙林下坐禪時，曾被歌王割截支；況我聖朝無此事，只今休道亦何悲。」暨宣宗中興，乃不復披緇，以咸通六年（865 年）終於本山，敕諡歸寂禪師，塔曰秘眞。〔註226〕由智眞禪師得行止，可窺知法難的雷屬，然其認爲尚不致於有被截肢的情事發生，法難下僧侶實無家可歸，但在俗也不妨修道。所以宣宗雖復教，師隱居山林不復披緇。

另同是馬祖的法孫、龜揚無了的法嗣泉州龜洋山慧忠禪師，遇會昌沙汰，避而幾乎五六年，及宣宗下詔復興之，師曰：「仙去者未必受籙，成佛者未必須僧。」

〔註225〕《五燈會元》卷四〈福州龜山智眞禪師傳〉（德昌出版社，民國65年元月出版），頁91。

〔註226〕《景德傳燈錄》卷第九，《大正藏》第五十一卷，頁269～270。

遂不復披緇，且過中不食，不宇而禪，不出山者三十餘年，述三偈以自見。其一曰：「雪後始知松柏操，雲收方見濟河分；不因世主教還俗，那辨雞群與鶴群。」其二曰：「多年塵土謾騰騰，雖著方袍未是僧；今日修行依善慧，滿頭留髮候燃燈。」其三曰：「形儀雖變道常存，混俗心源亦不昏；試讀善財巡禮偈，當是豈例是沙門。」謂門弟子：「但諦見自心情，見即破；今千疑萬慮不得用，是未見自心也。」從坐化於山，門人葬於無了禪師塔之東隅，兩眞身且至宋初仍爲士民所依怙，若僧伽之遺化。〔註227〕由慧忠禪師的生平，得知其雖遭法難爲俗人，心志不變依佛陀教法，且其認爲苟非遭逢法難，怎辨得修道人的節操。

遭法難不復出山林的僧侶，另有釋靈嶠。據《鼓山志》所載，福建廈門名刹鼓山涌泉寺，原係一水潭，傳有龍出入。德宗建中四年（783），僧人靈嶠住潭旁，毒龍遂去不爲害，從事裴肯奏建華嚴寺，後遇會昌澄汰，靈嶠遂隱居山林不復出。〔註228〕

經法難而禪居山林的僧侶，的有釋無數。據《浙江通志》所載，會昌間本寂院僧無數，因奉沙汰，隱居於溫州瑞安集雲山頂，禪定十餘年，藤蘿繞身，時人稱爲藤蘿尊者，且因地立祠，名聖堂。〔註229〕

法難後應世復出然足跡罕出山林的僧侶，有釋常達。據《宋高僧傳》所載，吳郡破山寺釋常達，初專講南山律鈔，且曾隨方參禪詢于宗極，俄屬武宗滅法，歎曰：「我生不辰，不自我後。」由是寢默山棲，委裘遁世而無悶焉。宣宗重建法幢，薦興精舍，合境民人皆達師之化導，故太守韋曙特加崇重；然達師身不衣繒纊，室唯蒙薜羅，四眾知歸，諸方慕化，其潔白鶴鷺如也。咸通十二年（871 年），合郭僧民請紹四眾教誨，而達師或遊遨坰牧，或嘯傲海壖，不出林麓動經數載，雖貴士單車詣門，莫得而見，以咸通十五（874 年）年九月十六日卒。〔註230〕由常達禪師的生平，窺知其雖遭逢法難，深

〔註227〕《祖堂集》卷第十五，柳田聖山主編《禪學叢書》之四，頁295。（京都中文出版社發行，民國73年6月三版）另見《景德傳燈錄》卷第八〈泉州龜洋山無了禪師傳〉，前引書，頁 260。《傳燈玉英集》卷第十二〈泉州龜洋慧忠禪師傳〉，柳田聖山主編《禪學叢書》之五，頁 270。（京都中文出版社，民國72 年 10 月再版）《補續高僧傳》卷第六「龜洋禪師傳」（新文豐出版公司，民國 64 年 7 月初版），頁 56。

〔註228〕黃任《鼓山志》卷二（台北明文書局印行，民國 69 年 1 月），頁 18。

〔註229〕沈翼機《浙江通志》卷一○○（台北華文書局印行，民國 56 年 8 月），頁 4。另見同書卷二三四〈寺觀九〉護國寺條下，頁 9。

〔註230〕《高僧傳三集》卷第十六〈唐吳郡破山寺常達傳〉，頁 418～419。

感因業報使然，所以隱居山林而心無悶。待到宣宗復教，受薦再造精舍，師律己甚嚴，重視僧行，不以白衣仰慕來謁爲貴，足跡罕出山林。

（二）以禪機接引學人

山林生活向爲文人雅士所嚮往，但佛教僧侶不像儒家中人所標榜「用之則行、舍之則藏」的情操，而強調「佛法在世間」、「不離世間覺」的大乘菩薩行，所以獨善其身也是一種風範。然佛教僧人中，則大有人雖隱居山林，仍不忘以禪機示人。這類人中，以石室善道與巖頭全豁禪師最爲人所樂道。當時禪門宗匠南泉普願、雲巖曇晟、潙山靈祐與德山宣鑒會下的僧人，慕善道師之名，不畏艱辛遠來參訪。而全豁禪師，則與洞山良价、石霜慶諸、夾山善會與雪峰義存會下的僧侶，有機緣語句傳世。

1. 石室善道

青原下三世、石頭希遷法孫潭州石室善道禪師，初依長髭曠爲師，後謁石頭希遷得法，尋值會昌沙汰，乃作行者，每見僧便豎起杖子曰：「三世諸佛盡由這個！」對者少得冥契。〔註231〕沙汰後師僧聚集，更不造僧，每日踏踖供養師僧。〔註232〕諸方慕其教化，南嶽下三世、南泉普願弟子長沙景岑聞之，乃曰：「我若見，即令放下杖子，別通個消息。」南嶽下五世、臨濟義玄弟子三聖慧然將此語祇對，師認破是長沙語。青原下四世、雲巖曇晟法嗣杏山鑒洪聞三聖失機，乃率僧眾親到石室，師見杏山來，潛入碓坊踏碓，杏山曰：「行者接待不易，貧到難消。」師曰：「開心碗子盛將來，無蓋盤子合取去，說什麼難消。」〔註233〕有僧舉似青原下五世、洞山良價弟子雲居道膺，雲居云：「得底人改形換眼。」〔註234〕由石室與杏山對答中得窺，石室因體得「無住」而隨緣自在，和從上宗風，乃爲雲居所贊揚；而杏山「難消」句，則落入「離念」，乃爲石室所不許。後杏山遷化，主事僧持哀書到洞山，洞山問杏山法要，僧以舍利及世間罕有作答，洞山曰：「任麼你和尚遍天下盡是舍利去，總不如當時識取石室行者兩句語。」〔註235〕洞山認爲

〔註231〕《景德傳燈錄》卷十四，頁87。另見《五燈會元》卷第五，頁26。
〔註232〕《祖堂集》卷第五，頁107。
〔註233〕《祖堂集》卷第五，頁107。另見《景德傳燈錄》卷第十四，頁87。又見《五燈會元》卷第五，頁26。
〔註234〕《祖堂集》卷第五，頁107。
〔註235〕前引書卷第五，頁107～108。

杏山當時在石室，沒能當下識取善道之「深密玄旨」，所以不善教徒，門人不知杏山有何佛法因緣，只認取舍利。

南嶽山三世溈山靈祐（771～853）教仰山慧寂（814～890）試石室，仰山去到石室，過一日便問：「佛之與道相去幾何？」師曰：「道如展手，佛似握拳。」仰山曰：「畢竟如何的當可信可依？」師以手撥空三下曰：「無恁麼事，無恁麼事。」仰山卻歸具陳前話，溈山便下床向石室合掌。〔註236〕依石室的意思，當以日用事見佛見道，而達「無事」境地乃能穩當。後仰山又問石室：「還假看教否？」師曰：「三乘十二分教，是份外之事。若與他作對，即是心境兩法能所雙行，便有種種見解，亦是狂慧，未足為道；若不與它作對，一事也無，所以祖師云：『本來無一物。』」一夕與仰山玩月，仰山以月亮的尖圓相為問，師答：「尖時圓相隱，圓時尖相在。」仰山辭別，師送出門，乃召曰：「闍黎。」仰山應諾，師曰：「莫一向去後，卻迴這邊來。」〔註237〕

由石室善道的生平，得知其甚得臨濟、曹洞與溈仰宗人所仰重。臨濟門下三聖慧然來參，失機；而雲巖曇晟門下杏山鑒洪，與其交峰，亦失對。後杏山卒後，哀書達同門洞山，洞山問杏山主事者其師有何法要，主事者失對，洞山認為杏山卒後雖燒出了很多舍利實不如當時能識取石室善道兩句語。由洞山的言句窺知，石室善道在當時參學僧人心目中的地位，是備受推崇的。洞山言下之意，是說同門杏山未徹在，所以門下禪人凋零。而溈山聞石室善道的道法，派門下仰山慧寂來參，仰山歸溈山舉話頭，溈山下床向石室合掌。可見石室善道的法要，深獲溈山所推重。而後仰山又往參石室善道，由兩人的言談舉止可知，石室善道對仰山循循善誘、愛護備至，對仰山期許甚深，所以臨別時對仰山說：「莫一向去後，卻迴這邊來。」即告訴仰山莫在「意識根」作活計，當下悟去乃得自在。

2. 巖頭全豁

青原下五世、德山宣鑑的法嗣巖頭全豁（828～887年），與雪峰義存、欽山文邃（後為洞山法嗣）為友，優遊禪苑；一回在店裏宿次，三人各自有願，巖頭云：「某甲從此分襟之後，討得一個小船子，共釣魚漢子一處座過卻一生。」〔註238〕師住鄂州巖頭，值沙汰於湖邊作渡子，兩岸各掛一板，

〔註236〕前引書卷第五，頁108。
〔註237〕《景德傳燈錄》卷第十四，頁88。另見《五燈會元》卷第五，頁26。
〔註238〕《祖堂集》卷第七〈雪峰和尚傳〉，頁147～148。

有人過渡打板一下，師曰：「阿誰？」或曰：「要過那邊去。」師便舞棹子迎之，師常以禪機示人。〔註239〕師沙汰時著欄衫戴席帽，去師姑院裡，值師姑喫飯次，便堂堂入廚下自討飯喫，師姑聞報把拄杖來，纔跨門，師便以手拔席帽帶起。師姑云：「元來是豁上座。」被師喝出去。〔註240〕大中初（847年），師與雪峰義存、欽山文邃同參德山宣鑒。一日與義存、文邃三人聚話，義存驀然指一碗水，文邃曰：「水清月現。」義存曰：「水清月不現。」師踢卻水碗而去。自此文邃師洞山，師與義存同嗣德山。後師與義存同辭德山，德山問：「什麼處去。」師曰：「暫辭和尚下山去。」德山曰：「子他後作麼生？」師曰：「不忘。」德山曰：「子憑何有此說？」師曰：「豈不聞智慧過師，方傳師教；其或智慧齊等，他後恐減師半德。」德山曰：「如是如是，當善護持。」〔註241〕兩士禮拜而退，義存於咸通六年（865）歸於芙蓉之故山，後居象骨山之雪峰。〔註242〕師則庵於洞庭臥龍山，徒侶臻萃，後居鄂州唐寧巖頭。〔註243〕

當時青原下三世的德山宣鑒（782～865年）、洞山良價（807～869年）、頭子大同（819～914年）、石霜慶諸（807～888年）及夾山善會（806～881年）系的法緣極盛，會下僧侶各方參道，並將所見所聞各處提舉。夾山會下一僧到石霜，入門便到不審。石霜曰：「不必，闍黎。」僧曰：「恁麼則珍重。」又到巖頭，如前道不審，師曰：「噓。」僧曰：「恁麼即珍重。」方迴步，師曰：「雖是後生，亦能管帶。」其僧歸舉似夾山，夾山上堂云：「前日到嵓頭、石霜底阿師出來如法舉著。」其僧纔舉了，夾山云：「大眾還會摩？」眾無對，夾山云：「若無人道，老僧不惜兩莖眉毛道去也。」乃曰：「石霜雖有殺人之刀，且無活人之劍；巖頭亦有殺人之刀，亦有話人之劍。石丈垂語云：『與摩不與摩』。」有人舉似師，師云：「我不與摩道。」便云：「與摩與摩，不與摩不與摩；與摩會，千人萬人之中難得一個半個。」後爲雪峰法嗣的長慶慧稜（854）與師之法嗣羅山道閑全臨水宅舉此因緣，便問羅山：「與摩不與摩，則不問。與摩與摩，不與摩不與摩，意作摩生。」羅山云：「雙明亦雙暗。」長慶云：「作摩生是雙明亦雙暗？」羅山云：「同生不同死。」此兩

〔註239〕《五燈會元》卷第七，頁8～9。
〔註240〕《祖堂集》卷第七〈巖頭和尚傳〉，頁140。
〔註241〕同前書，頁141。另見《景德傳燈錄》卷十六〈鄂州巖頭全豁傳〉，頁112。
〔註242〕《高僧傳三集》卷第十二〈唐福州雪峰廣福院義存傳〉，頁308。
〔註243〕《祖堂集》卷第七〈巖頭和尚〉，頁137。

－124－

士會下接續以同生不同死、同生同死爲話頭。〔註244〕禪門中人問話或接機，以不立意根，「絕滲漏」而悟入本心爲貴，所以出言甚爲審密，免遭笑諸方，且誤人法性慧命。嚴頭「自信」深體「直指人心、見性成佛、不在言說」的從上宗風，所以其行事「自在」不爲境、識所縛，所以接機縱橫且能識人來處。

嚴頭曾參洞山，後洞山門下匡仁且來參師。〔註245〕師在德山會下，一日德山謂師曰：「我這裡有兩僧入山住庵多時，汝去看他怎生？」師遂將一斧去，見兩人在庵內坐，師乃拈起斧曰：「道得也一下斧，道不得也一下斧。」二人殊不顧，師擲下斧曰：「作家！作家！」歸舉似德山，德山曰：「汝道他如何？」師曰：「洞山門下不道全無若是，德山門下未夢見在。」師門下羅山問：「和尚豈不是三十年前在洞山，而不肯德山。」師曰：「是。」羅山又曰：「和尚豈不是嗣德山，又不肯德山。」師曰：「是。」羅山曰：「不肯德山即不問，祇如洞山有何虧闕。」師良久曰：「洞山好佛，祇是無光。」〔註246〕嚴頭言下之意，乃其初參洞山時，洞山雖已體得「從上宗風，但尚無獨到的佛法因緣以接引學人，但當其德山會下時，見來住庵的洞山僧人那種不理「知解」的行持，不禁大爲讚許。

嚴頭與同門雪峰常因僧互通音訊，兩人雖同嗣德山但風範不同，所以嚴頭有云：「雖則德山同根生，不與雪峰同枝死。」〔註247〕有僧問雪峰：「聲聞人見性，如夜見月；菩薩人見性，如晝見日。未審和尚見性如何？」雪峰以拄杖打三下。其僧後舉前語問師，師與三摑。〔註248〕有僧問：「如何是道？」師曰：「破草鞋與拋向湖裏著。」爾後人或問佛、問法、問道、問禪者，師皆作噓聲，而常謂眾曰：「老漢去時，大吼一聲去了。」唐光啓（885年）之後，中原盜起，眾皆避地，師端居晏如，而遭賊害，臨刃之時大叫一聲，四山迴避之人悉聞其聲，以光啓三年（887）四月八日卒，僖宗諡清嚴大師。〔註249〕嚴頭接引學人，不落兩頭，展現了全體大用，也死得豁然。

〔註244〕前引書，頁140～141。
〔註245〕前引書，頁140。
〔註246〕《五燈會元》卷第七〈鄂州嚴頭全豁禪師傳〉，頁9～10。另見《景德傳燈錄》卷第十六，頁113。
〔註247〕《祖堂集》卷第七〈嚴頭和尚傳〉，頁140。
〔註248〕《景德傳燈錄》卷第十六〈鄂州嚴頭全豁傳〉，頁113。
〔註249〕前引書，頁113～114。

綜觀巖頭全豁禪師的生平，可窺知其參德山之前曾在洞山良价會下參學，因緣不契而往參德山宣鑒，而法嗣德山。其後其法嗣羅山問其昔日爲何不肯洞山，其答「洞山好佛祇是無光」。後洞山會下僧侶到德山住庵，德山命其去勘驗，結果贊許洞山會下兩僧爲「作家」。師與雪峰義存同嗣德山，但兩人風範與志趣有別，然其對雪峰影響甚深。夾山善會的會下僧侶，曾參石霜慶諸與師，後回舉話頭給夾山，夾山以之來教化會下學僧，並批評石霜「雖有殺人之且無活人之劍」，而讚揚師「有殺人之刀亦有活人之劍」。由此可見巖頭全豁禪師有其法要，乃深爲當時的禪門宗匠如德山、夾山所讚許，而後下開禪門雲門與法眼兩宗的雪峰義存，亦曾受其點撥而得悟道。

二、待機行化的禪師

會昌法難前，南禪宗的宗匠爲馬祖道一與石頭希遷的門下，法緣極盛，而人才亦輩出。當時聲名較著而影響較深遠者，南嶽系有百丈懷海（720～814年）、南泉普願（748～834年）、章敬懷暉（754～815年）、鹽官齊安（？～843年）、歸宗智常、五洩靈默（726～799年）、大梅法常、龍牙圓暢、芙蓉太毓（747～826年）；而青原系則有天皇道悟（748～807年）、藥山惟儼（751～834年）、大顛寶通、長髭曠、丹霞天然等人。待到武宗毀佛時，馬祖與石頭的法孫，正逢其時。所以這些遭遇會昌法難的禪門中人，大抵係南嶽下與青原下第三與第四世的僧侶。這些僧人雖歷經會昌法難，但有別於隱遁山林禪居的僧侶，而是待機復出，他們的行化對後來禪宗的發展有深刻的影響，禪門五家宗派的祖師與某些僧家關係極爲密切。

（一）南嶽系

會昌法難前後，南嶽系下法緣較盛的禪師有百丈法嗣黃蘗希運（？～850年）、大慈寰中（780～862年）、潙山靈祐（771～853年）、長慶大安（793～883年）；南泉法嗣趙州從諗（778～897年）、子湖利蹤（800～880年）長沙景岑；鹽官法嗣徑山鑒宗、關南道常；歸宗法嗣高安大愚；五洩法嗣芙蓉靈訓、龜山正元（792～869年）、棲心藏奐（790～866年）；龍牙法嗣嘉禾藏廙。諸人中，可考其歷經會昌法難者，有希運、靈祐、寰中、藏廙與藏奐。另外鹽官的法嗣梵日以及希運的法嗣楚南、靈祐的法嗣洪諲亦遭遇會昌法難，而後復出行化。下文僅就這些禪師加以探究。

1. 潙山靈祐

南嶽下三世、百丈懷海法嗣潙山靈祐（771～853 年），出家後究大小乘教，年二十三遊江西參百丈。百丈一見，許之入室，遂居參學之首，師依百丈之遣往大潙山結茅，同參長慶大安（793～883 年）與數僧從百丈來輔佐，山民感德，率眾共營梵宇，連帥李景讓奏號同慶寺。〔註250〕武宗毀寺逐僧，逐空其所，師遽裹首爲民，惟恐出蚩蚩之輩，有識者益貴重之。後湖南觀察使裴公休酷愛佛事，值宣宗釋武宗之禁，固請迎而出之，乘之以己輿，親爲其徒列，又議重銷其鬚髮，師始不欲，戲其徒曰：「爾以鬚髮爲佛耶？」其徒愈強之，不得已笑而從之，復到其舊居，爲同慶寺而歸，諸徒復來，其事如初。〔註251〕又遇崔公愼由崇重加禮，以大中七年（853 年）正月九日卒。〔註252〕師敷揚宗教四十二年，門下常一千餘人，與弟子仰山所舉宗風，世稱潙仰宗。青原系下僧人到師會下參學者，有青原下三世、藥山惟儼法嗣雲巖曇晟、道吾宗智，以及青原下四世龍潭崇信法嗣德山宣鑒、雲巖曇晟法嗣洞山良价與道吾宗智法嗣石霜慶諸會下。〔註253〕

2. 大慈寰中

同爲百丈會下的大慈寰中（780～862 年），於并州童子寺出家，嵩嶽登弁，習諸律學，參百丈受心印，辭往南嶽長樂寺，結茅山頂，後住浙江北大慈山。居未久，檀信爰增，旋成巨院，四方參禮如雲。武宗廢教，師短褐隱居戴氏別墅，大中六年（853 年）太守劉公首命剃染，重盛禪林，以咸通三年（862年）二月十五日不疾而逝，僖宗諡性空大師。〔註254〕南嶽下二世南泉普願（748～834）曾來參師，問：「如何是庵中主？」師曰：「蒼天！蒼天！」南泉云：「蒼天且置，如何是庵中主？」師云：「會即便會，莫切切。」南泉拂袖而出。南泉法嗣趙州從諗（778～897）亦曾參師，問：「般若以何爲體？」師云：「般若以何爲體？」趙州大笑而出。師明日見趙州掃地，問：「般若以何爲體？」

〔註250〕《景德傳燈錄》卷第九〈潭州潙山靈祐禪師傳〉，頁149。另見《五燈會元》卷第九〈潭州潙山靈祐禪師傳〉，頁198。

〔註251〕《佛祖歷代通載》卷第二十三，前引書，頁1163。

〔註252〕《高僧傳三集》卷第十一〈唐大潙山靈祐傳〉，頁289。

〔註253〕《祖堂集》卷第十六〈潙山和尚傳〉，頁 306～309。另見《景德傳燈錄》卷九〈潭州潙山靈祐傳〉，頁150～152。《五燈會元》卷第九〈潭州潙山靈祐禪師傳〉，頁198～200。

〔註254〕《高僧傳三集》卷第十二〈唐杭州大慈山寰中傳〉，頁291～292。

趙州置帚拊掌大笑，師便歸方丈。師亦因僧傳門風。有僧辭，師云：「去什麼
處？」僧云：「暫去江西。」師云：「我勞汝一段事得否？」僧云：「和尙有什
麼事？」師云：「將取老僧去。」僧云：「更有過於和尙者，亦不能將得去。」
師便休。其僧後舉似青原下四世洞山良价（807～869 年），洞山云：「闍黎爭
合恁麼道？」僧云：「和尙作麼生？」洞山云：「得。」洞山又問僧：「大慈別
有什麼言句？」僧云：「有時示眾云『說得一丈不如行取一尺，說得一尺不如
行取一寸。』」洞山云：「我不恁麼道。」僧云：「作麼生？」洞山云：「說取
行不得底，行取說不得底。」〔註255〕禪門中人深知大抵言句，也不過方便讓
人悟入「自性」，而學人總以知解上或聲色上作活計，彷如捫空作響。所以大
慈認爲道不得的「自性」，不如行取爲可貴。簡言之，洪州系的僧家不拘時地，
隨機運用，一切身語舉止，于一念間悉能示道，皆能發人悟入。而湖南系重
「理悟」，強調如不能看出「理、事間的差別、關聯與統一」，不能會旨得悟，
所以洞山云：「說取行不得底，行取說不得底。」洞山由此發展出「肯重不得
全」的思想，與洪州禪「不假鍛煉、任運自然」的風格有別。

3. 嘉禾藏廙

　　另南嶽下三世、龍牙山圓暢法嗣嘉禾藏廙（798～879 年），長慶三年（823
年）受戒，因聽律部而語同學曰：「教門繁廣，宜扣總門。」遂遍參禪宗，緣
會龍牙，龍牙告之曰：「蘊界不眞，佛生非我。子之正本，當何所名？復從誰
得？」藏廙一言領會，千轍同歸。後避會昌之搜揚，卻迴柯山，至大中六年
（852 年）因郡牧崔壽禮敬，於龍興寺別構禪室延居之。又北至嘉禾至德伽藍、
姑蘇南禪院及浙西招隱寺弘化，咸通八年（867 年）秋卻返嘉禾，信士呂京捨
別墅造院居之。乾符中（874～879 年）群寇紛紜，禪侶分散，師曰：「盜終不
至此。」及期，盜從別道行，果無所損。乾符六年（879 年）三月中常往，壽
八十二，僧臘五十六。〔註256〕

4. 棲心藏奐

　　又南嶽下三世、五洩靈默法嗣棲心藏奐（790～866 年），二十歲依道曠
禪師出家，頗有孝名。尋遊方訪道，詣婺州五洩山遇道一法嗣靈默禪師，旨
趣符合。遇會昌廢教及至大中復興，唯師居之，燹不能惑，焚不能熱，溺不

〔註255〕《景德傳燈錄》卷九〈杭州大慈山寰中禪師傳〉，頁 154。另見《五燈會元》
　　　　　卷第四〈杭州大慈山寰中禪師傳〉，頁 79。
〔註256〕《高僧傳三集》卷第十二〈唐蘇州藏廙傳〉，頁 300～301。

能濡者也，洎周洛再構長壽寺，敕度居焉。時內典焚毀、梵夾煨燼，師手緝散落實爲大藏，尋南海陽公收典姑蘇，請歸於故林，以建精舍。大中十二年（858 年）鄞水檀越任景求捨宅爲院，迎師居之。剡寇求甫率徒二千執兵晝入，師瞑目宴坐，色且無撓，盜眾皆悸懾，叩頭謝過，寇平州奏請改額爲棲心寺，以旌師之德焉。凡一動止，禪者必集，環堂擁榻，堵立雲會。師學識泉湧，指鑒岐分，詰難排縱之眾、攻堅索隱之士，皆立褰苦霧、坐泮堅冰，一言入神，永破沉惑。以咸通七年（866 年）秋八月三日現疾告終，享年七十七，僧臘五十山。十三年（872）弟子戒休齎舍利述行狀，詣闕請諡，奉敕哀誄，易名曰心鑑。〔註 257〕

5. 新羅梵日

又南嶽下三世、鹽官齊安（馬祖道一法嗣，？～842 年）法嗣新羅僧梵日於文宗時遊中華，遍尋善知識，來參鹽官大師。大師問：「什麼處來？」答曰：「東國來。」大師進曰：「水路來陸路來？」對云：「不踏兩路來。」大師曰：「既不踏兩路，闍梨爭得到這裏？」對曰：「日月東西有什麼障礙？」大師曰：「實是東方菩薩。」梵日問：「如何即成佛？」大師答：「道不用修，但其汙染，莫作佛見、菩薩見，平常心是道。」梵日言下大悟，殷勤六年，後師到藥山（青原下二世，751～834 年）。藥山問：「近離什麼處？」師對曰：「近離江西。」藥山曰：「作什麼來？」師對曰：「尋和尚來。」藥山曰：「此間無路門，闍梨作摩生尋？」師對曰：「和尚更進一步即得，學人亦不見和尚。」藥山曰：「大奇！大奇！外來青風凍殺人。」欲恣遊方遠投帝里，值會昌四年（844 年）沙汰僧流、毀壞佛宇，東奔西走竄身無所，遂隱高山獨居禪定。拾墜果以充齋，掬流泉而止渴，形容枯槁、氣力疲羸，未敢出行，直踰半載。後往韶州禮祖師塔，思歸故里弘宣佛法，以會昌六年（846）八月返國行道。〔註 258〕由梵日與鹽官的問答間可知，梵日參鹽官時已知保任自性而不墮有無，但在鹽官「隨緣任運」的教法句下大悟。參藥山時，在賓主回互問答間，其理路深受藥山讚賞。由此可見南嶽、青原兩系法無殊味，但在接機的化門上有別，南嶽猶如心學，青原則重理學。

6. 黃蘗希運

南嶽下三世、百丈懷海法嗣黃蘗希運（？～850 年）曾在南泉普願（748

〔註257〕《高僧傳三集》卷第十二〈唐明州棲心寺藏奐傳〉，頁 294～295。
〔註258〕《祖堂集》卷第十七〈通曉大師傳〉，頁 319～320。

～834 年）及鹽官齊安（？～842 年）處參遊。〔註259〕後居洪州黃檗山大安寺數年，海眾奔湊。〔註260〕會昌二年（842 年）裴休廉於鍾陵，自山迎至州憩龍興寺，旦夕問道。〔註261〕會昌三年（843 年）武宗廢教，宣宗重興，師再聚徒於黃檗，大中二年（848）裴休出撫宣州宛陵，復禮迎至所部，寓開元寺旦夕受法。〔註262〕以師酷愛舊山，還以黃檗名之；又請師至郡，以所解一篇示師，師接置於座，略不披閱，良久云：「會麼？」裴休云：「未測。」師云：「若便恁麼會得，猶較些子；若也形於紙墨，何有吾宗。」裴休乃贈詩一章曰：「自從大士傳心印，額有圓珠七尺身；掛錫十年棲蜀水，浮盃今日渡漳濱。一千龍象隨高步，萬里香華結勝因；擬欲事師爲弟子，不知將法付何人。」師亦無喜色，自爾黃檗門風盛於江表。一日上堂，大眾雲集，乃曰：「汝等諸人欲何所求？」以拄杖趕之，大眾不散，師卻復坐曰：「汝等諸人盡是喫酒糟漢。恁麼行腳取笑於人，但見八百一千人處便去，不可圖他熱鬧也，老漢行腳時或遇草根下有一個漢，便從頂門上一錐，看他若知痛癢，可以布袋盛米供養。可中總似汝如此容易，何處更有今日事也，汝等既稱行腳，亦須著些精神好。還知道大唐國內無禪師麼？」時有一僧出問云：「諸方尊宿盡聚眾開化，爲什麼道無禪師？」師曰：「不道無禪，祇是無師。闍黎！不見馬大師下有八十四人坐道場，得馬師正法眼者止兩三人，廬山歸宗和尚是其一。夫出家人須有從上來事分始得，且如四祖下牛頭橫說豎說猶未知向上關捩子，有此眼目方辨得邪正宗黨，且當人事宜不能體會得，但知學言語念向皮袋裏安著，到處稱我會禪，還替得汝生死麼？輕忽老宿，入地獄如箭？我纔見汝入門來，便識得汝入也。還知麼？急須努力，莫容易事，持片衣口食空過一生，明眼人笑汝，久後總被俗漢算將去。宜自看遠近是阿誰面上事，若會即便會，若不會即散去。」師於大中四年（850）八月歸寂，敕諡斷際禪師，塔曰廣業。〔註263〕師門下有臨濟義玄（787～867）、千頃楚南（813～888）、烏石靈觀、杭州宗徹、睦州道明及居士裴休等，以義玄爲上首，後開臨濟一派。

〔註259〕《五燈會元》卷第四〈洪州黃檗希運傳〉，頁 77。
〔註260〕《景德傳燈錄》卷九〈洪州黃檗希運禪師傳〉，頁 153。另見《祖堂集》卷第十六〈黃檗和尚〉，頁 310。
〔註261〕《景德傳燈錄》卷九〈黃檗希運傳心法要〉，頁 162。
〔註262〕同前註。
〔註263〕《祖堂集》卷第十六〈黃檗和尚〉，頁 310～312。《景德傳燈錄》卷第九〈洪州黃檗希運禪師傳〉，頁 153。《五燈會元》卷第四〈洪州黃檗希運和尚傳〉，頁 78。

7. 千頃楚南

楚南禪師（813～888 年），閩中人，自髫齡投開元寺曇靄禪師出家，詣五臺山具戒，研究相部律及淨名經。雖精法義，未了玄機，遂謁南嶽下三世芙蓉靈訓，芙蓉見之乃曰：「吾非汝師，汝師江外黃蘗是也。」師禮辭而參黃蘗，黃蘗垂問：「子未現三界影像時如何？」師曰：「既今豈是有耶？」黃蘗曰：「有無且置，即今如何？」師曰：「非今古。」黃蘗曰：「吾之正法眼已在汝躬。」師乃入室執巾侍盥，晨晡請益。尋值武宗廢教，師遂深竄林谷，暨大中初（847年）相國裴休出撫宛陵，請黃蘗和尚出山，師隨侍。由茲便詣姑蘇報恩寺，精修禪定足不踰閾，僅二十餘載，乾符四年（877）蘇州太守周愼嗣請住寶林院，俄復請居支硎山。乾符五年（878）昌化縣令與紫溪戍將饒京同召師住千頃慈雲院，振黃蘗玄風。一日上堂曰：「諸子！設使解得三世佛教如缾注水及得百千三昧，不如一念修無漏道，免被人天因果繫絆。」時有僧問：「無漏道如何修？」師曰：「未有闍黎時體取。」僧曰：「未有某甲時誰人體？」師曰：「體者亦無。」僧問：「如何是易？」師曰：「著衣喫飯，不用讀經看教，不用行道、禮拜、燒身、煉頂，豈不易耶？」僧曰：「此既是易，如何是難？」師曰：「微有念生，便具五陰三界。輪迴生死皆從汝一念生，所以佛教諸菩薩云佛所護念。」師雖應機無倦，而常儼然處定，或逾月或浹旬。光啓三年（887年）錢王請下山供養，昭宗聞其道化，就賜紫衣，以文德元年（888）五月歸寂，壽七十六，臘五十六。〔註264〕

8. 徑山洪諲

南嶽下四世、潙山靈祐法嗣徑山洪諲（？～901 年），年十九禮開元寺鑒宗（？～866 年）大師落髮。師以講論自矜，鑒宗大師謂師曰：「佛祖正法，直截亡詮；汝算海沙，於理何益。但能莫存知見，泯絕外緣，離一切心，即汝眞性。」師聞之茫然，禮辭遊方。〔註265〕往謁青原下三世雲巖曇晟，機緣未契，後造潙山靈祐，蒙滯頓除。遭會昌沙汰，眾皆悲惋，師曰：「大丈夫鍾此厄會，豈非命也，何乃效兒女子乎。」大中初（847 年），復沙門相，還故鄉西峰院。咸通六年（865 年）上徑山，翌年閏三月本師遷神，眾請繼

〔註264〕《高僧傳三集》卷第十七〈唐杭州千頃山楚南傳〉，頁 460～461。《景德傳燈錄》卷十二〈杭州千頃山楚南禪師傳〉，頁 28～29。《五燈會元》卷第四〈杭州千頃山楚南禪師傳〉，頁 94。

〔註265〕《景德傳燈錄》卷十〈杭州徑山鑒宗禪師傳〉，頁 184。

躑，爲徑山第三世。〔註 266〕師初出世，未具方便不得穩便，因此不說法。
過得兩年，忽然迴心向徒弟曰：「我聞湖南石霜是作家知識，我一百來少師
中豈無靈利者，誰去彼中勤學，彼中氣道轉來密救老漢。」僧全表乃到青原
下四世石霜慶諸（807～888 年）座下參學，並舉話頭回徑山，此後石霜與徑
山互通消息。〔註267〕青原下六世、曹洞宗雲居道膺法嗣佛日本空亦來訪師，
賓主交鋒，師乃有偈曰：「東西不相顧，南北與誰留；汝即言三四，我即一
也無。」〔註268〕師得兩浙尙父錢王所禮重，賜號法濟大師。〔註269〕以光化
四年（901）九月二十八日白眾而化。〔註270〕

（二）青原系

　　在會昌法難前後，青原下三世法緣較甚的禪師有天皇道悟的法嗣龍潭崇
信、丹霞天然的法嗣翠微無學、長髭曠的法嗣石室善道、大顚寶通的法嗣三平
義忠（？～919 年）及藥山惟儼的法嗣雲巖曇晟（？～841 年）、道吾宗智（782
～835 年）、船子德誠等人。當中雲巖曇晟與道吾宗智在會昌法難前已卒，但兩
人門下在會昌法難後分別出現洞山良价（807～869 年）與石霜慶諸（807～888
年），法脈極盛；石室善道與三平義忠遭遇會昌，生卒年不詳的翠微無學門下則
有投子大同（819～914），船子德誠門下有夾山善會（806～881 年），而龍潭崇
信門下則出德山宣鑒（782～865 年），三人皆爲當代宗師，且經歷會昌法難。

1. 三平義忠

　　青原下三世遭逢會昌法難者，以世系傳承來推理，勢必有很多人，然缺
乏資料足以證明。此世代禪師的行實，可以石室善道與三平義忠爲典型，兩
人風範雖別，濟化之心則同。潭州的石室善道和尙，因沙汰年中改形爲行者，
沙汰後師僧聚集，更不造僧，每日踏碓供養師僧，青原下四世杏山鑒洪、南
嶽下四世仰山慧寂、南嶽下五世三聖慧然曾來參訪。〔註271〕而三平義忠，福
州人，初參南嶽下二世、馬祖道一法嗣石鞏慧藏，石鞏常張弓箭以待學徒，
師詣法席次，石鞏曰：「看箭。」師乃披襟當之，石鞏曰：「三十年張弓架箭，

〔註266〕《景德傳燈錄》卷十一〈杭州徑山洪諲傳〉，頁 9。
〔註267〕《祖堂集》卷第十九〈徑山和尙傳〉，頁 360。
〔註268〕《景德傳燈錄》卷十一〈杭州徑山洪諲傳〉，頁 9。
〔註269〕《祖堂集》卷第十九〈徑山和尙傳〉，頁 360。
〔註270〕《景德傳燈錄》卷十一〈杭州徑山洪諲禪師傳〉，頁 9。
〔註271〕《景德傳燈錄》卷十四〈潭州石室善道和尙傳〉，頁 87～88。

只射得半個漢。」後參大顛寶通禪師舉前話，大顛曰：「既是活人箭，爲甚麼向弓弦上辨，師無對。師問大顛：「不用指東劃西，便請直指。」大顛曰：「幽州江口石人蹲。」師曰：「猶是指東劃西。」大顛曰：「若是鳳凰兒，不向那邊討。」師作禮，大顛曰：「若不得後句，前話也難圓。」〔註272〕三平義忠參石鞏，兩人以作用相拄，自得不在話下。但當義忠參大顛，大顛已知其來處，所以義忠發問，大顛以「幽州江口石人蹲」引其執情出現，再以「若是鳳凰兒不向那邊（聖解）討」來化導，義忠自知己過乃禮敬。義忠因餘習未淨，在大顛處定體得「妄由心起亦由心滅」的理趣。由義忠與大顛的賓主問答，可知青原系著重「理入」。

　　師自入大顛之室而獲深契，值武宗澄汰，隱避三平山，後雖宣宗在揚佛教，然彼海隅竟絕玄侶。待至西院大潙興世，眾中好事者十數人往彼請，方轉玄開因。有一僧自稱黃大口，師問：「久響大口，是公不？」對曰：「不敢。」師曰：「口大小？」對曰：「通身是口。」師曰：「向什麼處臨？」當時失對，師自是法道聲揚，寰海玄徒不避瘴癘奔而遠湊。〔註273〕黃大口有機智，但與義忠交峰，因心機意識作怪，問答間免不了會失對。師住三平山，上堂曰：

> 　今時人出來，盡學馳求走作，將當自己眼目有什麼相應時。阿你欲學麼，不要諸餘，汝等各有本分事，何不體取。恁麼心憤憤口悱悱，有什麼利益，若要修行路及諸聖建立化門，自有大藏教文在，若是宗門中事，汝切不得錯用心。」時有僧出問：「還有學路也無？」師曰：「有一路滑如苔。」僧曰：「學人躡得否？」師曰：「不擬心，汝自看。」師又示眾曰：「諸人若未曾見知識即不可，若曾見作者來，便合體取些子意度，向巖谷間木食草衣，恁麼去方有少分相應。若馳求知解義句，即萬里望鄉關去也，珍重！」〔註274〕

師認爲學宗門事，當自體取，但不容擬心，苟要依教修行，則有經教及化門，若要知解，則千山萬理參知識去。師以咸通十三年（872）十一月六日遷化，壽九十二。

2. 洞山良价

　　青原下四世、雲巖曇晟法嗣洞山良价（807～869 年），會稽人，年二十一

〔註272〕《五燈會元》卷第五〈漳州三平義忠禪師傳〉，頁 112。
〔註273〕《祖堂集》卷第五〈三平和尚傳〉，頁 106。
〔註274〕《祖堂集》卷第五〈三平和尚傳〉，頁 106～107。

詣嵩嶽受具。遊方首遇南嶽下二世南泉普願（748～834 年），次參南嶽下三世
潙山靈祐（771～853 年），更因潙山謁雲巖曇晟（？～841 年），問無情說法義，
待到辭別涉水睹影，乃大悟前旨。會昌年間，不知師之去向，大中末行化新豐
山，後轉至洪州洞山，門下大盛。以咸通十年（869 年）三月八日端坐而絕，
敕諡悟本禪師。青原下五世、德山宣鑒的法嗣雪峰義存及德山侍者曾來參訪。
〔註275〕洞山門下有曹山本寂（840～901 年），入晚唐時開出曹洞宗。

3. 石霜慶諸

　　青原下四世、道吾宗智（782～835 年）法嗣石霜慶諸（807～888 年），
廬陵新淦人。年十三出家，二十歲於嵩山受戒，就洛下學毗尼之教，雖知聽
制，終爲漸宗。乃迴抵大潙山法會，爲米頭供眾，深得南嶽下三世潙山靈祐
所讚揚。次屆潭州雲巖謁道吾和尚，師問：「如何是觸目菩提？」道吾喚沙彌，
沙彌應諾，道吾曰：「添淨瓶水著。」道吾卻問師：「汝適來問什麼？」師乃
舉前話，道吾便起去，師從此省覺。道吾將順世垂語曰：「我心中有一物，久
而爲患，誰能爲我除之？」師曰：「心物俱非，除之益患。」道吾曰：「賢哉！
賢哉！」〔註276〕由道吾與石霜賓主間的問答，則知青原系突出「心」造萬物，
其付諸實現即是「觸目是道」或「觸目菩提」，而其啓悟則用語以示理，而道
吾則「語」、「勢」皆用，然其所重仍不離本宗之「理入」。

　　師年三十五（841 年），而止潭州石霜山，學侶雲集。〔註277〕後因避世，
混俗於長沙瀏陽陶家坊，朝遊夕處，人莫能識。後因洞山良价遣僧尋訪，囊
錐始露，乃舉之住石霜山。師因僧與洞山、雪峰互通訊息，洞山且讚美曰：「大
唐國內能有幾人。」師住石霜山二十年間，學眾有常坐不臥屹若株杌，天下
謂之枯木眾。僖宗聞師道譽，賜紫衣，師牢辭不受。以光啓四年（888 年）二
月二十日寂，敕賜普會大師。〔註278〕師之法孫綿延數代，直至青原下七世。

4. 翠微無學與投子大同

　　弘傳青原系之禪於北地者爲丹霞天然（739～824 年），其法嗣無學自領玄
旨即住終南翠微山。〔註279〕翠微無學與弟子大同（819～914 年）生逢會昌法

〔註275〕《祖堂集》卷第六〈洞山和尚傳〉，頁 117～128。
〔註276〕《景德傳燈錄》卷十五〈潭州石霜山慶諸傳〉，頁 99。
〔註277〕《祖堂集》卷第六〈石霜和尚傳〉，頁 128。
〔註278〕《景德傳燈錄》卷十五〈潭州石霜山慶諸傳〉，頁 99～100。
〔註279〕《景德傳燈錄》卷十四〈京兆終南山翠微無學傳〉，頁 81～82。

難，法難後無學仍居翠微山，令遵（845～919 年）、大同、元通、如訥（？～920 年）與約禪師爲師之門下，僖宗皇帝詔入內大敷玄教，帝情大悅，賜紫法號廣照大師。〔註280〕令遵後出世大通禪院，化導將十年，至光化中（898～901年）遷鄂州清平山安樂院。其逗機方便，靡徇時情，逆順捲舒，語超格量，以後梁貞明五年（919 年）正月寂。〔註281〕大同自翠微處領旨，歸隱故里投子山結茅，後與南嶽下三世趙州從諗（778～897）互相問酬，自爾道聞於天下，雲水之侶競奔湊。師居投子山三十餘載，往來激發請益者常盈於室，雪峰義存曾依師參學。中和中（881～885 年）賊亂，有入山犯之者，師爲說法，輒愧服禮拜而去。師以乾化四年（914）四月寂，詔諡慈濟大師。〔註282〕師之法脈傳至青原下六世。如訥禪師自翠微受訣，乃止湖州道場山，薙草卓庵，學徒四至，遂成禪院，廣闡法化，所遺壞衲三事及開山拄杖、木屐至宋朝景德年間（1004～1007 年）仍在影堂中。〔註283〕

5. 船子德誠

青原下三世、藥山惟儼（751～834 年）的三大法嗣船子德誠、雲巖曇晟（？～841 年）及道吾宗智（782～835 年），在藥山去世後，三人本同議隱於澧源深邃絕人煙處，避世養道過生。然至中夜，道吾則向兩師兄道曰：「向來所議於我三人，甚適本志，然莫埋沒石頭宗枝也無？」德誠云：「師弟元來有這個身心，若然者不用入山，各自分去，然雖如此有事囑於師弟：『專甲從分襟之後，去蘇州花亭縣討小船子水面上遊戲，於中若有靈利者，教他來專甲處。』」〔註284〕後雲巖曇晟與道吾宗智會下弘化極盛，兩師皆在會昌法難前卒，船子德誠則逢會昌法難。德誠自稱在藥山二十年（約當 815～834 年），自藥山於文宗大和八年（834 年）十一月六日謝世，遂至秀州華亭泛一小舟，隨緣度日以接四方往來之者，時人莫知其高蹈，因號船子和尚。一日泊船岸邊閒坐，有官人問：「如何是和尚日用事？」師豎橈子曰：「會麼？」官人曰：「不會。」師曰：「棹撥清波金鱗罕遇。」師有偈曰：「三十年來坐釣臺，鉤頭往往得黃能；金鱗不遇空勞力，收取絲綸歸去來。千尺絲綸直下垂，一波纔動萬波隨；夜靜水寒魚不食，滿船空載月明歸。三十年來海上遊，水清魚現不吞鉤；鉤竿斫盡重栽竹，不計

〔註280〕《祖堂集》卷第五〈翠微和尚傳〉，頁 96。
〔註281〕《景德傳燈錄》卷十五〈鄂州清平山令遵禪師〉，頁 94～95。
〔註282〕《景德傳燈錄》卷第十五〈舒州投子山大同禪師傳〉，頁 95～98。
〔註283〕《景德傳燈錄》卷第十五〈湖州道場山如訥禪師傳〉，頁 98。
〔註284〕《祖堂集》卷第五〈華亭和尚傳〉，頁 101～102。

功程得便休。有一魚兮偉莫栽，混融包納信奇哉；能變化吐風雷，下線何曾釣得來。別人祇看採芙蓉，香氣長粘遶指風；兩岸映一船紅，何曾解染得虛空。問我生涯祇是船，子孫各自睹機緣；不由地不由天，除卻蓑衣無可傳。」〔註285〕船子對「從上宗旨」甚為深密，其認為三十年來，未曾覓個知音，但願機緣到來。師因道吾宗智而得一門下夾山善會。

6. 夾山善會

青原下四世夾山善會（806～881年），廣州人，九歲出家於潭州龍牙山，依年受戒，往江陵聽習經論，該練三學，遂參禪會。初在京口轉法輪，一夕道吾宗智策杖而至，勸發往見船子德誠，師資道契，微眹不留。〔註286〕師謂德誠曰：「語帶玄而無路，舌頭談而不談。」德誠曰：「釣盡江波金鱗始遇。」師乃掩耳。德誠曰：「如是，如是。」遂囑曰：「汝向去直須藏身處沒蹤跡，沒蹤跡處莫藏身。吾二十年在藥山祇明斯事，汝今既得他後，莫住城隍聚落，但向深山裏钁頭邊，覓取一個半個接續無令斷絕。」師乃辭行，頻頻回顧，德誠遂喚闍黎，師乃回首，德誠豎起橈子曰：「汝將謂別有。」乃覆船子水而逝。〔註287〕船子德誠以身殉道，使夾山知曉「從上宗風」，乃「藏身沒蹤跡處（無住），沒蹤跡處（無住）莫藏身」，不要生疑情驀直去。

德誠、曇晟與道吾三人在大和八年（834年）十一月六日離開藥山，德誠到秀州華亭泛小舟，曇晟出住潭州雲巖寺，而宗智居潭州道吾山，各自弘化。道吾卒於大和九年（835年）九月十日，則道吾會夾山當在大和九年，而德誠自云三十年來坐釣臺，則其會夾山約在咸通六年（865）。苟如此，從大和九年（835）迄咸通六年這三十年間，夾山易服散眾尋德誠，遇會昌法難及大中復教。暨遇德誠，言下悟入，遂受其法，恭稟遺命遁世忘機，尋以學者交湊，廬室星布，曉夕參依。

咸通十一年（870），海眾卜於澧州夾山，遽成院宇。師上堂示眾曰：「夫有佛祖以來，時人錯會相承，至今以佛祖句為人師範，如此卻成狂人，無智人去。他只指示汝：『無法本是道，道無一法，無佛可成，無道可得，無法可捨。』故云：『目前無法意在目前。』他不是目前法，若向佛祖邊學，此人未有眼目，皆屬所依之法，不得自在。本只為生死茫茫識性無自由分，千里萬

〔註285〕《五燈會元》卷第五〈秀州華亭船子德誠傳〉，頁109～110。
〔註286〕《景德傳燈錄》卷第十五〈澧州夾山善會禪師傳〉，頁106。
〔註287〕《五燈會元》卷第五〈秀州華亭船子德誠禪師傳〉，頁110。

里求善知識，須有正眼永脫虛謬之見，定取目前生死爲復實有爲復實無，若有人定得，許汝出頭，上根之人言下明道，中下根器波波浪走，何不向生死中定當取何處，更疑佛疑祖替汝生死，有智人笑汝。偈曰：『勞持生死法，唯向佛邊求；目前迷正理，撥火覓浮漚。』」有僧問：「從上立祖意、教意，和尚此間爲什麼言無？」師曰：「三年不食飯，目前無饑人。」僧曰：「既無饑人，某甲爲什麼不悟？」師曰：「只爲悟，迷卻闍黎。」師說頌曰：「明明無悟法，悟法卻迷人；長舒兩腳睡，無僞亦無眞。」師有小師隨侍日久，師住後遣令行腳，游歷禪肆，無所用心，聞師聚眾道播他室，迴歸省觀而問曰：「和尚有如是奇特事，何不早向某甲說？」師曰：「汝蒸飯，吾著火；汝行益，吾展鉢。」西川座主罷講遍參，到襄州華嚴和尚處問：「祖意、教意是同是別？」華嚴曰：「如車二輪，如鳥二翼。」座主曰：「將爲禪門別有長處，元來不出教乘。」歸蜀後聞師道播諸方，令小師持前語問師，師曰：「雕沙無鏤玉之譚，結草乖道人之思。」師與石霜慶諸有消息往來，師上堂時且對門下曰：「門庭施設不如老僧，入理深談猶較石霜百步。」師尋常道：「老僧目睹瞿曇猶如黃葉，一大藏教是老僧坐具，祖師玄旨是破草鞋，寧可赤腳不著最好。」師上堂曾云：「我二十年（當爲十年）住此山，未曾舉著宗門中事。」〔註288〕夾山認爲本性俱足，何勞神傷逐教意尋祖意，其二十多年來，他從不道著不可宣說的「宗門中事」，三藏十二部僅是他用來接機的方便。

　　夾山聲名遠播，教下中人且來參問，而心悅誠服。師與石霜因僧互通訊息，師乃自謂門庭施設與談論法要優於石霜。師與洞山會下的僧侶，也相互參學。洞山門下來師處參見的有洞山下二世、雲居道膺弟子佛日本空及欽山侍者，而夾山侍者也到洞山會下參學，因洞山讚揚其本師而迴歸省問。洞山會下僧人參師時問：「某甲初入叢林不會，洞山意旨如何？」師云：「貴持千里抄，林下道人悲。」僧迴舉洞山，洞山云：「灼然，夾山是作家。」師自天門、夾山首尾十二年，通前凡三處轉法輪，至中和元年（881年）十一月七日召主事曰：「吾與眾僧話道累歲，佛法深旨各應自知，吾今幻質時盡即去，汝等善保護如吾在日，勿得雷同世人輒生惆悵。」〔註289〕師門下弘化極盛，法孫延續到青原下七世。

〔註288〕《五燈會元》卷第五〈澧州夾山善會禪師傳〉，頁116。

〔註289〕《祖堂集》卷第七〈夾山和尚傳〉，頁 133～136。另見《五燈會元》卷第五〈澧州夾山善會禪師傳〉，頁117。

7. 德山宣鑒

青原下四世德山宣鑒禪師（782～865 年），劍南人，二十歲出家，依年受具，精究律藏，於性相諸經貫通旨趣，常講《金剛般若》，時謂之周金剛。〔註 290〕厥後訪尋禪宗，凡至擊揚皆非郢哲，聞龍潭則石頭之二葉，乃攝衣而往。〔註 291〕初見，師問曰：「久嚮龍潭，到來潭又不見，龍亦不現。」龍潭曰：「子親到龍潭。」師即休。〔註 292〕喜而歎曰：「窮諸玄辯，如一毫置於之太虛；竭世樞機，似一滴投於巨壑。」「遂乃攝金牙之勇敵，藏敬德之雄征，繼立雪之玄德，俟傳衣之秘旨，給侍瓶屢日扣精微，更不他遊。」〔註 293〕一夕於室外默坐，龍潭問：「何不歸來？」師對曰：「黑。」龍潭乃點燭與師，師擬接龍潭便吹滅，師乃禮拜，龍潭曰：「見什麼？」曰：「從今向去不疑天下老和尚舌頭也。」至明日便發，龍潭謂諸徒曰：「可中有一個漢，牙如劍樹，口似血盆，一棒打不迴頭，他時向孤峰頂上立吾道在。」後抵潙山，潙山靈祐對徒眾云：「是子將來有把茅蓋頭，呵佛罵祖去在。」師住澧陽三十年，屬武宗廢教，避難於獨浮山之石室。大中初（847 年），武陵太守薛延望再崇德山精舍，號古德禪院，將訪求哲匠住持，聆師道行，屢請不下山，薛太守乃設詭計，遣吏以茶鹽誣之，言犯禁法，取師入州瞻禮，堅請居之，師大闡宗風。〔註 294〕自是四海玄徒多夏常盈五百。〔註 295〕

師在龍潭處，由於龍潭的善引，而悟取從上「深密」玄旨，也深受潙山的讚賞。後師上堂謂眾曰：「於己無事，則勿妄求，妄求而得亦非得。汝但無事於心，無心於事，則虛而靈寂而妙，若毛端許言之本末者，皆爲自欺。毫釐繫念，三塗業因，瞥爾生情，萬劫羈鎖。聖名凡號盡是虛聲，殊相劣形皆是幻色，汝欲求之，得無累乎？其及厭之，又成大患，終爲無益。」後爲洞山門下的欽山文邃（834～896 年）、龍牙居遁（835～923 年）皆曾在師會下參學。師尋常遇僧到參，多以拄杖打。南嶽下四世臨濟義玄（787～866 年）聞之，遣侍者來參，教令：「德山若打，汝但接取拄仗，當胸一拄。」侍者到，方禮拜，師便打，侍者接得拄杖與一拄，師歸方丈，侍者迴舉似臨濟，臨濟云：「從來疑這個漢。」

〔註 290〕《景德傳燈錄》卷十五〈朗州德山宣鑒禪師傳〉，頁 91。
〔註 291〕《祖堂集》卷第五〈德山和尚傳〉，頁 108。
〔註 292〕《景德傳燈錄》卷十四〈澧州龍潭崇信禪師傳〉，頁 81。
〔註 293〕《祖堂集》卷第五〈德山和尚傳〉，頁 108～109。
〔註 294〕《景德傳燈錄》卷十五〈朗州德山宣鑒禪師傳〉，頁 91～92。
〔註 295〕《祖堂集》卷第五〈德山和尚傳〉，頁 109。

咸通六年（865 年）十二月三日忽告諸門徒：「捫空追響，勞汝心神。夢覺覺非，
竟有何事。」言訖，安坐而化，敕諡見性大師。〔註 296〕德山示徒但提宗綱，而
學人來參，機不觸犯「不可宣說的自心」。至於德山晚年情形，《禪林僧寶傳》
卷第七〈筠州九峰玄禪師〉傳云：「至武陵謁德山鑒，鑒時已臘高，門風益峻，
門下未有逅之者，而鑒獨以玄爲奇。然玄不大徹透辭去，至高安謁价禪師。」
〔註 297〕後通玄法嗣洞山良价。關於德山的禪思想與接機方式，杜繼文、魏道儒
所著《中國禪宗通史》〈宣鑒諸徒和福建禪宗之發達〉一文中云：

　　（德山）這種無心無事、離念去情的主張，是當時禪宗中的流行觀
　　點，但他用打、喝接機，在打、喝中貫徹他這一主張，則帶有個性。……
　　打即是不許「擬議」的意思。……這喝，是要求超越凡聖分別的意
　　思。這種禪風，與其同時代的臨濟義玄相似。〔註 298〕

德山的禪思想與行化，與南嶽系馬祖道一重「無事」、以「勢」表義相雷同，
所以後世好事者另起雲門、法眼出自馬祖道一法系之說。〔註 299〕但元朝延祐
時重刊《人天眼目》後序〈龍潭考〉一文中，則舉數事推翻是說。〔註 300〕可
見德山道法亦深受南嶽系洪州宗的影響。德山門下得法九人，而以巖頭全豁、
雪峰義存得攀眞躅，兩人亦歷經會昌廢佛。巖頭門庭鼎盛，法孫持續到青原
下九世。雪峰義存在閩中四十餘年，門下常一千五百人，著名禪師有雲門文
偃（864～929 年）、玄沙師備（835～908 年）、翠巖令參、長慶慧稜（854～
932 年）、保福從展（？～928 年）、龍華靈照（870～947 年）、鏡清道付、鼓
山神晏、太原孚上座及安國弘韜等。就中以雲門文偃、玄沙師備爲翹楚，雲
門至五代時開出雲門宗，而玄沙師備法孫大法眼文益開出法眼宗。雪峰法孫
至五代十國中，以福州爲中心，弘化禪風於閩越。德山的地位與聲譽至宋初，

〔註 296〕《祖堂集》卷第五〈德山和尚傳〉，頁 109～110。另見《景德傳燈錄》卷十
　　　　五〈朗州德山宣鑒禪師傳〉，頁 92～93。
〔註 297〕《禪林僧寶傳》卷第七〈筠州九峰玄禪師傳〉，頁 4。
〔註 298〕杜繼文、魏道儒著《中國禪宗通史》，頁 343。
〔註 299〕前引書頁 279 云：「至北宋后期，有達觀穎禪師者，集《五家宗派》，據其收
　　　　藏的唐符載所撰《天皇道悟塔記》和唐丘玄素所撰《天王道悟塔記》，始証實
　　　　道悟實有兩人，名天王道悟者，出自道一門下，爲崇信紹續；名天皇道悟者，
　　　　出自石頭，至三世而斬。不言而喻，後來的雲門、法眼二宗是屬于道一的法
　　　　系了。此說特別受到慧洪和張商英的重視，多方弘揚，成爲禪宗五家傳承上
　　　　的另一傳說。」
〔註 300〕《大正藏》第四十八卷，頁 333～334。

日愈提高，所以贊寧在《宋高僧傳》〈唐朗州德山院宣鑒傳〉中云：「天下言
激箭之禪道者，有德山門風焉。今襄（湖北襄樊）、鄧（河南鄧縣）、漢東（漢
水以東）法孫極盛者是。」〔註301〕

　　總之，在會昌法難前標舉「教外別傳」的禪宗，已具有改革教門、繼承
教門的氣勢，〔註302〕而有天下「言禪者皆本曹溪」的說法。教下諸宗受到會
昌毀佛的嚴重打擊，一蹶難振，而會昌法難對正興起的禪宗卻帶來新的轉機，
更加深入民間，中國化更深，所以會昌法難後禪宗以新的姿態出現。阿部肇
一《中國禪宗史～南禪宗成立以後的政治社會史的考證》〈唐末變革期的禪宗〉
文中說：

> 會昌的毀佛，固然達到毀滅舊有的佛教型式的目的，但也乘勢以「新
> 禪宗」的姿態，以不同的對象、目的和方式，構成了禪宗的內涵，
> 這一點更不應該忽略。其意義顯示，唐末的政治變革期，於禪宗史
> 上具有重要意義，那是注入生命存續所必需的「能」（Energy）的原
> 因，是可想像的。〔註303〕

會昌法難對佛教的發展影響很深，毀佛後教下諸宗聲勢頓衰，而禪門北宗的
宗匠大抵卒於會昌法難前，其法緣已逐漸式微，而南宗僧人則在會昌法難前
後，仍人才輩出也互相激揚法要，當時五宗的門庭施設已逐漸展現，學僧們
也為勢之所趨往來參問。所以雖云道在法不在人，但法須人而得以弘傳，會
昌法難淘汰了不少劣僧，也突顯出得道法的禪將大德們的志行節操，這些禪
將大德與後來禪門的五家七宗的建立，有著極為密切的關聯。

〔註301〕《高僧傳三集》卷第十二，頁294。
〔註302〕馮友蘭《論禪宗》，《禪宗的歷史與文化》頁10。
〔註303〕阿部肇一著、關世謙譯《中國禪宗史》，頁145。

附表二：青原行思法嗣傳承

（本表依據《景德傳燈錄》、《五燈無元》諸書，並參考釋明復《中國佛學人名辭典》所附圖表而作）

（接下頁）

（承上頁）

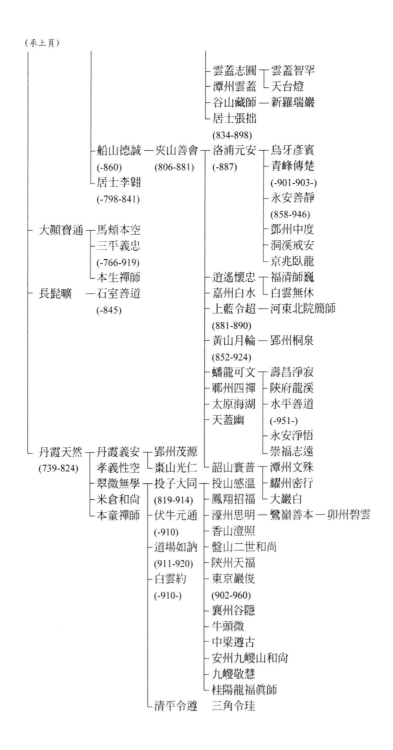

雲蓋志圓 ─ 雲蓋智罕
潭州雲蓋 ─ 天台燈
谷山藏師 ─ 新羅瑞巖
居士張拙
（834-898）

船山德誠 ─ 夾山善會 ─ 洛浦元安 ┬ 烏牙彥賓
（-860）　　　（806-881）　（-887）　├ 青峰傳楚
居士李翱　　　　　　　　　　　　　　　├（-901-903-）
（-798-841）　　　　　　　　　　　　　├ 永安善靜
　　　　　　　　　　　　　　　　　　　├（858-946）
大顛寶通 ┬ 馬頰本空　　　　　　　　　├ 鄧州中度
　　　　　├ 三平義忠　　　　　　　　　├ 洞溪戒安
　　　　　├（-766-919）　　　　　　　　└ 京兆臥龍
　　　　　└ 本生禪師
長髭曠　　├ 石室善道　　逍遙懷忠 ─ 福清師巍
　　　　　（-845）　　　　嘉州白水 ─ 白雲無休
　　　　　　　　　　　　　上藍令超 ─ 河東北院簡師
　　　　　　　　　　　　　（881-890）
　　　　　　　　　　　　　黃山月輪 ─ 鄧州桐泉
　　　　　　　　　　　　　（852-924）
　　　　　　　　　　　　　蟠龍可文 ┬ 壽昌淨寂
　　　　　　　　　　　　　鄞州四禪 ├ 陝府龍溪
　　　　　　　　　　　　　太原海湖 ├ 水平善道
　　　　　　　　　　　　　天蓋幽　 ├（-951-）
　　　　　　　　　　　　　　　　　├ 永安淨悟
　　　　　　　　　　　　　　　　　└ 崇福志遠
丹霞天然 ┬ 丹霞義安 ─ 鄧州茂源　韶山寰普 ─ 潭州文殊
（739-824）├ 孝義性空 ─ 棗山光仁
　　　　　├ 翠微無學 ─ 投子大同 ┬ 投山感溫 ─ 耀州密行
　　　　　├ 米倉和尚　（819-914）├ 鳳翔招福 ─ 大巖白
　　　　　└ 本童禪師 ├ 伏牛元通 ─ 濠州思明 ─ 鷺嶺善本 ─ 卯州碧雲
　　　　　　　　　　　│（-910）　　├ 香山澄照
　　　　　　　　　　　├ 道場如訥　├ 盤山二世和尚
　　　　　　　　　　　│（911-920）├ 陝州天福
　　　　　　　　　　　├ 白雲約　　├ 東京嚴俊
　　　　　　　　　　　│（-910-）　├（902-960）
　　　　　　　　　　　│　　　　　├ 襄州谷隱
　　　　　　　　　　　│　　　　　├ 牛頭微
　　　　　　　　　　　│　　　　　├ 中梁遵古
　　　　　　　　　　　│　　　　　├ 安州九嶸山和尚
　　　　　　　　　　　│　　　　　├ 九嶸敬慧
　　　　　　　　　　　│　　　　　└ 桂陽龍福眞師
　　　　　　　　　　　└ 清平令遵 ─ 三角令珪

附表三：南岳情讓法嗣傳承

（本表依據《景德傳燈錄》、《五燈無元》諸書，並參考釋明復《中國佛學人名辭典》所附圖表而作）

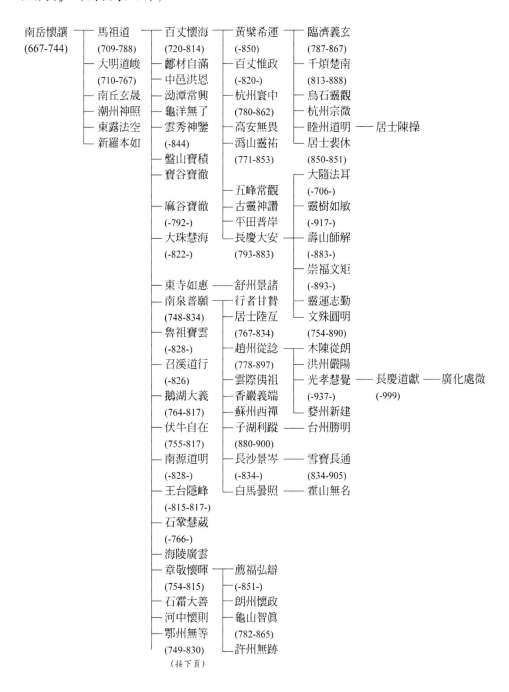

（接下頁）

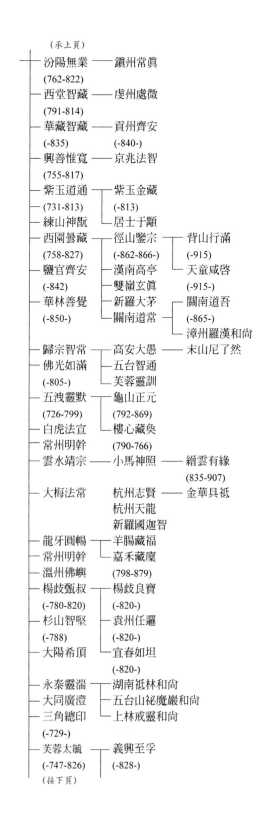

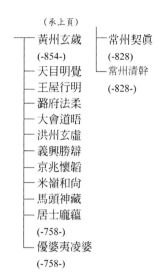

（承上頁）

黃州玄歲
(-854-)

常州契眞
(-828)

常州清幹
(-828-)

天目明覺

王屋行明

潞府法柔

大會道晤

洪州玄虛

義興勝辯

京兆懷韜

米嶺和尙

馬頭神藏

居士龐蘊
(-758-)

優婆夷凌婆
(-758-)